親学のすすめ

胎児・乳幼児期の心の教育

親学会 編
高橋史朗 監修

公益財団法人
モラロジー研究所

まえがき

ドイツのクローンベルグで開催された世界五大学学長会議でオックスフォード大学ケロッグカレッジのジェフリー・トーマス学長は、「親学」の重要性について、「現在、学校でも、大学でも教えていないのは親になる方法だ。現在の社会はこの親になる教育にもっと関心を向け、親としての自分を向上させることが大切である」という趣旨の指摘をされました（平成十三年一月三日付『読売新聞』）。

このトーマス学長の問題提起に触発されて、同年三月十六日に日本で「親学会」（Society for Educating Parents　SEP）が発足し、自らの人格を磨き、親としてどのように子育てをすることが望ましいか、信頼しあえる親子関係をつくるには何が大切か、家族から社会への関係をどのように築いていくべきか、などについて学びを深めています。

親学会の発足に特にご尽力いただいたのは、福田一郎会長（遺伝学者・理学博士で東京女子大学名誉教授）、益田晴代副会長（日本ペンクラブ会員）、髙橋えみ子副会長（小児科医でNPO「日本子育てアドバイザー協会」講師）で、同じく副会長を務める筆者と松井ケティ理事（清泉女子大学教授）、長田安司理事（共励保育園理事長）、程野美和子理事（親学会事務局長）らが中心となって親学会を運営させていただいています。

親学会の活動の三本柱は、毎月「親学」についての研讃《けんさん》を深め、自由に討議する「親学研究会」（品川区の清泉女子大学で開催）、同じく毎月、師範塾、感性教育研究所、Coco-de-cicaと共催、㈶モラロジー研究所協賛で親学の専門家による連続講義「親学講座」（新宿アイランドタワーにある麗澤《れいたく》大学東京研究センターで開催）、そして年に一回、内外の各界各層に幅広く呼びかける公開講演会「親学フォーラム」（清泉女子大学で開催）で、ニーズに応じて全国各地に親学専任講師を派遣しています。

本書は第一回から第八回までの「親学講座」の筆録に加筆修正したもので、胎児・乳幼児期の子育てに重点が置かれています。「親学会」は今年度の活動方針として、幼少期の子供の心の発達に力点をおいて研讃を深めていますが、今後は生涯学習全体へと視野を広げ、研究領域も乳幼児期をベースとして徐々に広げていきたいと思っています。できれば、本書がそのような全体的な視野に立った「親学講座」シリーズの第一巻となれば、と念願しております。

筆者が「親学会」に参加するようになったきっかけは、長野県岡谷市で長年にわたって熱心にモラロジー研究所の社会教育活動に取り組んでこられた山崎公久氏が仲介役となって、都内のホテルで親学会の幹部とお会いし、「親学」に対する熱意、使命感に深い感動を覚えたことにあります。

筆者は長野県の教員の組織である「教育会」と十年以上のお付き合いがあります。特に「下伊那教育会」においては、十年にわたって「感性教育」を一貫したテーマに教員研修が開催され、筆者も毎年参加し、全ての分科会に参加したうえで講演をしています。その前後に山崎氏が主宰する「高橋史朗を囲む会」への出席を毎回楽しみにしています。山崎氏とのご縁で「親学会」に出会い、モラロジー研究所出版部から「親学講座」の第一巻を出版する運びとなったことをあらためて感謝申し上げます。

私自身の一生を支えてくれているのは、郷里である兵庫県龍野市で前田三作先生（モラロジー研究所専任講師）のお話を熱心に拝聴し続けた両親（特に母）が「お前は胎教でモラロジーの教えが五臓六腑にしみこんでいるから、これからの人生でどんなことがあっても絶対に〝大丈夫〟だから、安心しなさい」と潜在意識に刷り込んでくれた言葉です。これまでの人生で何度も挫折しそうになりましたが、絶対に〝大丈夫〟という力強い言葉がいつも私に元気と勇気を与え窮地から救い出してくれました。

胎教だけで道徳科学を学んだというのでは、家族的なおつきあいをさせていただいているモラロジー専攻塾生や前田三作先生をはじめとする諸先生方に申し訳が立たないので、改めて主体的に学ばせていただいております。本書に収められている渡辺晋三先生の「親学講座」の内容（第七章）はまさに目からウロコのお話で、モラロジーの教えが「親学」の核心と深く関わっていることを感動をもって再認識させていただきました。
「親学」を日本の内外に広げていくことは、家族のきずなの崩壊と家庭の解体という人類の危機を救うことが求められている私たち日本人に与えられた歴史的使命であると思います。日本独自の「親学」を体系化し、発達段階に応じた「親学」の内容、方法を一刻も早く確立し、多くの方々に共有していただける内実を作り上げ、内外に発信していきたいと思います。本書はそのためのささやかな第一歩を踏み出した序論にすぎませんが、率直なご意見、お問い合わせなどを賜れば幸いです。（NPO法人 親学会事務局 川崎市高津区下作延三－一七－一五－三〇五 TEL〇四四－八六〇－一五〇一・FAX〇四四－八六〇－一五〇二）
最後に、本書の出版にあたり格別のご尽力をいただきましたモラロジー研究所出版部の外池容氏、野々村守春氏の両氏に心から御礼を申し上げます。

平成十六年六月七日

監修者・親学会副会長　高橋史朗

目　次

親学のすすめ――胎児・乳幼児期の心の教育

装幀　加藤光太郎デザイン事務所　／　カバーイラストレーション　山本祐司

第一章　「親学」とは何か

益田　晴代

益田《ますだ》 晴代《はるよ》

㈱益田屋取締役。日本ペンクラブ会員。胎児・乳幼児との関わりの重要性を親たちに訴えている。また、韓国、中国、北欧の女性事情や教育問題を視察し、女性の新しい生き方を提言している。東京都新宿区を中心に明るい社会づくりに関わる。著書に『華の母性』『幸福へのアプローチ』共著（里文出版）、『THE KEY TO SUCCESSFUL CHILD REARING』がある。親学会副会長。

親を考える「親学会」

「親学会」を発足させたいちばんの動機は、子育てをする親自身が「親とは何か」について勉強しなければならないのではないか、という強い思いからです。私自身、四人の子供を育てましたが、育児について何もわきまえずに子育てを行い、その中でいろいろな問題が子供に表れて、過去における私と子供との関わりを振り返り、思い当たることが数多くありました。また、自らの子育てが終わったころ、子供に関するさまざまな問題や事件が社会の中に多発し、幼い子供がとてもショッキングな犯罪を起こしたというニュースもありました。この背景と私の子育ての経験を考え合わせてみたときに、親というもののあり方や子育てについて親自身がもっと真剣に考えなければならないのではないかという思いで発足したのが、「親学会」です。

子供の視点に立った育児を

まず、大きな問題として、私も含めて多くの親が「人間を育てる」ことがいったいどういうことであるのか、理解していないということです。そのことはまた、人間とはいかなる存在なのかという意識が、私たちの中に欠落していることを意味します。体と心で成り立っているのが人間ですが、これまで目に見える体だけをとらえてきた状況があったようです。見えない部分である心は、どのようなものかについて考えることを置き去りにしてきたことが、今起こってきている子供の問題の本質ではないかと思います。義務教育では、心について学ぶということはほとんどありません。たとえあったとしても、それは非常に断片的なもので、系統的な「心の教育」ではなかったと思います。まず、心について的確にとらえてみることが、大切なことではないかと思います。

世の中には、心の専門家という立場の方が大勢いらっしゃいます。心理学者や教育者もこの問題を研究していますが、一般の人々に広がるというところまでいっていないのが現状ではないかと思われます。重要な課題であるはずなのに、今までそれが取り上げられてこなかったのです。

そのため親学会では、「心」について学び、考えてみることになりました。

体と心で成り立つ人間を育てるのですが、多くの親たちは、心の発達というものがよく分からないまま、子供に関わってきました。そこに問題が起こってきたのです。このことについて、親として私自身が気づいたことは、自分の視点で子供を眺め、子供を育ててきたということが、誤りだったということです。

例えば仮に、子供が三歳のとき、親が三十三歳だとします。この三十年の年齢差は非常に大きなものです。親の考え方で子供を見るということは、間違いなのです。親がこの年齢差を考慮して子供の視点に立てばよいのですが、親の立場でしか子供を見られなかったわけです。

私がふと思ったことは、「自分が三歳のとき、どういう心境だったか?」ということでした。そのとき分かったことは、三十年という時間を経てきた親の視点と、生まれて三年しか経っていない子供の視点が共通すると考えたことが、全くの間違いであったということです。親の視点で子供に言い聞かせていたことが、子供は理解できずに消化不良を起こしてしまい、結局、順調な成長を妨げていたのだという認識を持つことができました。そこで私は、どのような環境で、どのような子育てを進めていくことがよいのかという勉強を始めたわけです。

胎児期は親子の「きずな」を結ぶとき

「日本赤ちゃん学会」（二〇〇一年設立）という学会があります。赤ちゃんの問題を親学会と同じように、科学的にとらえて社会に貢献するという目的を持った全国の小児学会の医師あるいは学識者の集まりです。私もこの学会に毎回参加して、多くのことを学びました。

いろいろなデータが報告されるのですが、人間の赤ちゃんによる実験はできないので、動物を使った研究結果が発表されます。そこで確認されていることの一つとして、発達には「臨界期」という大切な時期があるということです。ある一定期間内に学習しなければ身に付かないような能力が存在し、学習を成立させる時期を「臨界期」と言います。「臨界期」を過ぎてしまっては、いくら学習しても能力は身に付きません。この「臨界期」について、「日本赤ちゃん学会」では盛んに研究しています。

赤ちゃん学会で、小鳥の「臨界期」についての発表がありました。

オスの小鳥はメスを誘うとき、歌を歌わないとメスとの結婚が成立しないそうです。歌を歌える小鳥になるためには、生後一時間の間に、それも父親鳥が歌を教えないといけないそうです。この一時間が小鳥の「臨界期」ということになります。そして、その間に教えられた歌が繁殖期、人間で言えば思春期に出てくるのです。それまでは鳥の体の中で蓋《ふた》をされているような状態です。ところが、繁殖期で全身が躍動するようになったときに突然、生まれて一時間の間に教えられた歌がよみがえって、それを歌うことによって結婚が成立するのだそうです。歌を教えてもらえなかった小鳥は、歌うことができずに結婚できないのだそうです。

私はこの報告を聴き、人間も思春期に深く物事をとらえられるようになるには、小さいころにしっかりと愛されていることが必要ではないかと思いました。

思春期には当然いろいろな問題が出てきます。社会には好奇心を刺激するものや欲望をそそるものが多くあり、特に性的な誘惑には昔より早く直面します。そして、性的な逸脱の責任は、男性よりも女性のほうが大きく背負ってしまいます。産婦人科医は、「思春期のような早い時期に妊娠したり、中絶を経験したりすると、その後遺症として、子宮がんや不妊症の原因になる」と警告しています。

このような女性が受けるデメリットを考えたとき、やはり、女性たちは自身の体の仕組みを知り、しっかりとした認識をもって異性と関わるべきでしょう。また、認識だけでなく、医学や薬学などの知識についても学習しておく必要があるでしょう。

心の問題については、脳科学の分野で活発に研究されていて、科学的には「心」＝「脳」であり、脳の発達が心の発達であると証明されています。特に、脳の前頭葉の発達が、心の発達につながっているということが分かっています。そして、前頭葉の発達が非常に盛んな時期が胎児期で、心や情感の発達が進むのも胎児期であるということが分かってきました。脳科学の成果を踏まえて、人間の心を育てるためには、胎児期の関わりが重要であるということです。このことに母親たちが気づき、実践できるならば、すばらしい心を持った赤ちゃん、子供を育てることができるはずです。

さらに、私が親学の学びで気づいたことは、思春期に多発する子供の問題が、実はその子の胎児期に多くあったということです。それが事実ならば、答えは簡単です。親がこの時期をうまく過ごすことによって、子供のすばらしい人間性を培うことができる、幸福への道が開かれるということです。大切なことは、胎児期に親子の「きずな」を固く結ぶことなのです。

要するに、胎児期に一人ひとりの母親が胎児とのきずなを結ぶことに努力していただきたいということです。人間の心をつくる「臨界期」が、胎児期から五、六歳まで、あるいは七、八歳までと言われ、この時期に心の仕組みが出来上がり、情感や感性の基礎となるものを成長させます。ですから、この時期の重要性を、そばにいる大人たちが気づかず、子供の情感や感性をうまく引きだすことができなければ、心が十分に発達しないまま成人になっていくわけです。

ところが、胎児期が大切であり、母親が子供とのきずなをつくることに努力しなければならないという考え方については、一部の働く女性から強い反発があるのも事実です。

一九九五年、二〇〇二年の二回にわたって、私は、北欧の女性たちの社会進出と子育てを視察しました。一九九五年ごろ、子育ては、国の支援のもとで長時間保育が施行されていました。ところが、二〇〇二年に再び訪れると、その保育事情は大きく変わっていて、できるだけ家庭の中で育てるようになり、短時間保育に変更されていました。

その理由を担当者に伺うと、「乳幼児期の子育ては親のそばで行われることが、子供の人格形成によりよい影響を与える」という回答でした。また、赤ちゃんの健康のためには母乳を与えることがよいということが知られるようになり、子供に母乳を飲ませる母親が多くなってきているということでした。世界の女性たちに希望を与えた「ウーマンリブ運動」の先進国である北欧の女性たちの、わが子のためによりよいことをするという決断に深い感銘を受けました。

一方、胎教について質問してみると、まだ効果が未知数で知られていないようでした。しかし、「データさえあれば、多くの人が胎教を実践すると思います。北欧の女性たちはよいと思えばすぐに取り入れますから」という答えが返ってきました。

目に見えないところの働きである胎教を女性たちに認識してもらうには、データが必要です。データさえあれば、北欧の女性たちも生まれてくる子供たちのために、胎教を行ってくれるという強い手ごたえを感じました。

心は心でなければ育てられない

私はこれまで胎児期、乳幼児期の親子の関わりが、将来において子供の人間性の大きな基礎になっていくということを考えてきました。また、その問題意識で「親学会」を進めていますが、北欧での体験から分かるように、多くの人が理解でき、納得する客観的なデータの蓄積を心がけなければならないと考えています。胎児期における母と子の関わりの効果を科学や医学でも証明できるということが今後の大きな課題です。

心を育てるのは、人の心であるという原理原則があります。ロボットや高度な機械などによって、心に刺激を与えて育てられることが可能ならば簡単ですが、現在の医学や科学では、心を育てる、愛を育てる、情感を育てることはできません。心は人の心でなければ育てられないのです。愛を育てるには、人間の愛でしか育てられないのです。このことは大きな原則の一つです。

今後、科学が発達して機械を使って人間の心が育てられるようになるのなら話は別ですが、現状では、人の愛というものがしっかりと関わらなければ心は育たないのです。

昔を振り返ってみると、私たちの親世代の女性は、窮屈な社会の仕組みの中で、つらい思いも味わって生きてきたと思います。しかし、その反面、子供を育てるという状況においては、とても恵まれていました。専業主婦という立場で家庭の中にいて、わが子と向き合うことができました。子供とも長い時間、関われたと思います。私自身、いつもそばにいてくれる母親の姿に、豊かな母親の愛を感じたことでした。

しかし現在、多くの女性が社会に進出し、男女平等が叫ばれて、国が男女共同参画社会の実現をめざすという時代になり、母親の「愛の関わり・心の関わり」がなければ子供の心が育たないということだけを訴えても、現代の母親たちは非常に戸惑うのではないでしょうか。

母性という言葉はよくないのか

私事ですが、以前、『華の母性』（里文出版）という本を上梓しました。子育てをテーマにして、私の失敗した育児の例を提示して、それを反面教師として育児を考えてほしいという気持ちで書きました。子育てに悩む女性たちのお役に立てればという気持ちでした。

ところが、その本をある女性団体の図書室に置いてくださいとお願いしたところ、「題名が気に入らない」という理由で断られ、とても残念に思ったことがあります。「母性」

という言葉がよくなかったようで、私が、「男性には父性、女性には母性です。女性にとって、母性は当たり前ではありませんか？」と尋ねると、「女性だけに母性というものを出されると、働く女性たちにとって、これ以上のプレッシャーはありません。働く女性に気の毒です。私どもは女性を支える会ですから、そういうタイトルの本は遠慮させていただきたいと思います」という意見を返されました。

私はそのことはとても勉強になったのですが、女性はやはり男性と違う役割、子供を身ごもり、そして出産をするという大役を果たさなければならないのです。さらに、ある時期まで、わが子を抱いて乳房を含ませて育児をするという男性にはできない女性の関わりがあるのです。母親として、いのちを育てるという大切な役割でさえも、男女平等という立場で進めるとしたら、これからいったいどういうことになるのかと心配です。

産む瞬間までは女性が、そのあとは男性がミルクで子育てを行うという話があると聞きます。確かに赤ちゃんの体はミルクで育つかもしれません。父親の深い愛情によって育つことも可能かもしれません。しかし、胎児期は女性でなくては関われないわけですから、これは女性だけの特質であり、特性ではなかろうかと思います。

また、ある会合で、女性の方々と議論したことがありました。すると、六十歳前後の女性たちと若い女性たちとの間に隔たりが生まれて、議論が深まりませんでした。

六十代の女性が、「女性は何のために一生懸命に働くのですか？」と聞くと、若い女性は次のように答えました。

「今は生涯独身の女性もいるから自分自身のために働くという人もいるでしょうが、働く多くの女性は、家族あるいはわが子のために、夫を助けて働くのだと思います」

その答えを聞き、六十代の女性は、

「家族のためなら外で働かずに、女性は家庭で子供や夫を助けたらいいのではないでしょうか」と言いました。

このような意見を聞くと、女性はやはり子供たちのためにという意識が強いと思います。女性は体質的に男性と同じではないのです。男女は大きな差を持って生まれてくるのです。人間の歴史の中で女性は、自身の体にいのちを育む、産む、育てるという尊い役割を今日まで果たしています。このことは、どんなに科学や医学が進んでも命懸《いのちが》けです。女性のみに与えられたこの事実をもう一度、女性たちは深く考え直さなければならないと思います。

親が「愛する」ことから始めなければならない

「育てられた覚えはない」「愛された覚えはない」「生んでほしくなかった」という言葉を子供から突きつけられると、絶望に近い苦しみや、子供との深い隔たりを感じてしまう場合が多くあります。そのとき、子供の「未熟さ」が、こんな暴言を親に向かって発するのだということを、親自身が受けとめることができれば、余裕を持って子供と向き合うことができます。しかし、精神的に追い詰められた親子関係になってくると、その言葉が受け入れられず、争いが高じて親子断絶ということもしばしば起こります。

私の知人にも、「こんなはずじゃなかった……」と嘆いている人がいます。また、子供が大きな事件を起こして、「今まで私が働いてきたのはなんだったのか」「わが子にしてきたことはいったいなんだったのか」という自問の中で、苦悩する女性たちを私は見てきました。私はこうした後悔をする女性たちを見ると、母親自身が自分の人生を肯定し、わが子の成長を喜べる人生でなければいけないと強く思うのです。そのためには、「心を育てる」という問題をもっと真剣にとらえなければなりません。心の発達は胎児期から始まります。妊娠している十か月の間、胎児の心が育つことが理解できれば、すばらしいことだと思います。私はこの期間を深く見つめたいと思います。

わが子に「愛」を持ってもらいたいと思ったら、まず親が「愛する」ことから始めなければならないことは動かしがたい現実です。その点を踏まえて、すばらしい子育てをしていただきたいと思います。

第二章

親と子のきずな
——小児医療の現場から

髙橋 えみ子

髙橋《たかはし》えみ子《こ》

小児科医。NPO 日本子育てアドバイザー協会講師。金沢医科大学卒業。現在、一心病院にて勤務。診療のほかに、胎教の指導や子育て支援活動やカウンセリングを行っている。著書に絵本『とんぼの願い』（文芸社）がある。親学会副会長。

「親学」の必要性

いじめ、自殺、青少年による凶悪犯罪、児童虐待など子供に関する暗いニュースが、テレビや新聞で報道されない日はないと言っても過言ではありません。その度にもうこれ以上、子供を加害者にも被害者にもしたくないという思いが込み上げてきます。こうした状況の中、日本の子供たちの未来に不安を感じている人は多いようです。

現在の子育て環境における問題点として、

一、平成十五年の出生率が一・二九と過去最低となった
二、十代の妊娠・出産・中絶が増えている
三、子育てに苦慮する母親たちが半数近くいる
四、児童虐待が年に推定三万件以上起きている
五、不登校・いじめ・子供の心身症・青少年による凶悪犯罪・自殺が増えている

などが挙げられます。

これらの原因として、家庭・学校・地域社会における育児機能の低下が指摘されています。そこで、文部科学省は「産前教育」「子育て講座」などの家庭教育の推進や地域社会

でのサポーターシステムづくりなどの事業に取り組んでいます。

私は勤務する病院で、定期的に「両親学級」と「子育て講座」を行っています。テーマは次の三つです。
一、妊娠・出産・育児期間を楽しむ
二、胎教を通して家族のきずなを深める
三、胎児・乳幼児期の子育ての重要性について学ぶ
「両親学級」「子育て講座」の目標は人間性豊かな子供を育てることにあります。講座の中では、胎児の能力や胎教、脳と心の関係などについて分かりやすく説明します。胎児にも五感の能力があり、母親の子宮の中で羊水に抱かれ、あやされながら、さまざまなことを感じています。子供が胎児について知ることは自然な形の性教育、いのちの大切さの教育になります。胎教をすることは妊娠中から母性を育み、家族のきずなを深めます。また、脳の発達と心の関係に対する理解を深めることは、子供の年齢に応じた親の関わり方や良い子育て環境をつくる指針となります。

人は親となるずっと前から、親になるための学びの機会を得ることが大切であると思います。そこで私たち「親学会」は親になるための学びの場として、講演会や勉強会を開いています。義務教育の中でこうした学習の機会をぜひつくってほしいものです。

胎児の存在を意識し始めたときから親としての自覚を持つ

私たちはいつから親となるのでしょうか。わが子が誕生した瞬間からでしょうか。いいえ、そうではないと思います。母親の子宮の中に小さないのちが宿ったときから、私たちはそのいのちにとって世界で唯一の親なのです。

まず、人間の体の細胞の中で最も大きな女性の卵子、〇・一一～〇・一二ミリの細胞に小さな男性の精子（卵子の約二千分の一の大きさ）の一つが出会って受精します。受精して二週間後に、その受精卵は子宮内膜に着床します。この期間を受精卵期と言います。三週から八週までが胎芽《たいが》期。この時期は受精卵がさまざまな器官に分化するため、最も奇形が発生しやすいのです。女性が妊娠に気づくのもほとんどこの時期ですから、妊娠を希望する女性はそのことを意識して生活するにこしたことはありません。受精後九週から出産までが胎児期です。

九週目の胎児は頭臀長《とうでんちょう》（頭頂部から臀部《でんぶ》下端までの長さ）が約五センチ、重さが十グラムほど。この週数の実物大の胎児人形を作り、両親学級で見せています。生命の進化を示唆する奇妙な姿をしていますが、既に目も手もあり、それを実際手にするとなんだか愛おしくなります。次に二十六週目の胎児人形を見せます。この時期の胎児は、身長約三十センチ、体重七百から八百グラムほどです。もうすっかり人間の姿をした胎児は両手に乗るくらいの大きさです。ほかにも胎児の姿をビデオ映像や写真で見せ、講座は視覚、聴覚、触覚に訴える内容なので、頭で考えているよりずっと胎児の存在に対して実感がわくようです。三人目の妊娠を実母に反対されて悩んでいた母親が、「胎児の姿に思わず涙が出て産もうという気持ちを強くしました」と話してくれたことがありました。

平成十五年四月から八月に当院(一心病院)で出産された母親の中から七十八名を対象に、赤ちゃんに愛情を感じ始めた時期について調査したところ、妊娠中七十名(八九・七%)、出産時七名(九・〇%)、生後二日目一名(一・三%)でした。母親の九割が妊娠中から胎児に愛情を感じ始めていました。古いデータですが、一九七八年、イギリスの小児科医マクファーレンらが母親九十七名に同様の質問を行なった結果は、妊娠中四一%、出産時二四%、生後一週二七%、それ以後八%です。胎児診断技術の進歩を考慮に入れても、当院では妊娠中から胎児に愛情を抱く妊婦の率が高いと言えました。見えない胎児の存在を意識し始めたときから、親としての自覚を持てるようになるのです。

姉１歳10か月、弟１か月、「いい子、いい子」と弟の頭をなでたり、抱っこする。

胎児の能力

生後間もなくの赤ちゃんにも、見る、聞く、味わう、嗅《か》ぐ、触れるなどの感覚能力が備わっていることが、さまざまな実験で明らかです。こうした五感の能力は、既に胎児期に出来上がっています。また、脳の中でもいちばん外側にある大脳新皮質は別名人間脳と言われ、ここにある脳神経細胞約百四十億個については、妊娠四か月ごろに出来上がると言われています。

時々、胎内記憶や出産時の記憶を語る子供たちがいます。私の周辺でも、ある看護師の長男は五歳のとき、母親から「生まれたときのこと覚えてる？」と聞かれ、「うん、覚えているよ。真っ暗いところでトンネルをくねくねして出てきたんだよ。あのトンネルはどこ?」と頭を左右に振りながら答えたそうです。別の看護師の二女は、四歳のとき、「ママさあ、アーさん(自分のこと)がママのおなかにいたとき、暑い、暑いってアイス食べたでしょう。あのときここが(頭に手を当てて)ヒャッとしたんだよ」と言ったり、おなかの中にいたころのポーズをして見せてくれたそうです。しゃがんで両腕を曲げたその姿はまさに胎児そのものです。ある男性職員は今でも胎児や乳児期の記憶があり、詳細に語ってくれます。彼の場合は三歳のとき、当時家の裏にあった井戸をのぞき込んだのがきっかけで、胎内記憶がよみがえるようになったというのです。

横浜で開業されている産婦人科医の池川明医師の平成十二年の調査では、子宮の中にいたときの記憶があると答えた子供が五三%、生まれたときについては四一%という結果が報告されています。言葉を話せるようになる二、三歳から五、六歳ごろの子供の中にこうした記憶について語る子供がいます。それ以上の年齢では外界からの刺激が多くなりすぎて、このような記憶があっても次第に消失し、潜在意識下だけに残るようです。

胎教のすすめ

胎教と言うとＩＱ(知能指数)の高い赤ちゃんを産んで頭の良い子に育てるのが目的だ

と思っている人がいますが、本質的に正しくありません。私が勧める胎教は、胎児の存在に意識を向けた生活です。胎児に胎名《たいめい》をつけて呼ぶ、話しかける、歌を歌ってあげる、おなかを軽く叩《たた》くなど、いつでもどこでも誰にでもできるものと考えます。

　これまで八年間、両親学級の一講師として胎教に取り組んできました。両親学級は希望者のみ参加します。対象は妊娠十五週前後の妊婦で、カップルでの参加は七割程。講座の中で胎児の映像や受精から出産までの写真集、胎児人形、胎教のビデオ、胎教で生まれた赤ちゃんと家族の記念写真を見せ、親からわが子へのメッセージを紹介します。最後は子宮の中の赤ちゃんに会いに行くという瞑想です。胎教のビデオは当院で出産されたある夫婦に協力していただきました。妊娠に気づいたころから胎教をして毎日楽しく過ごしていたそうです。

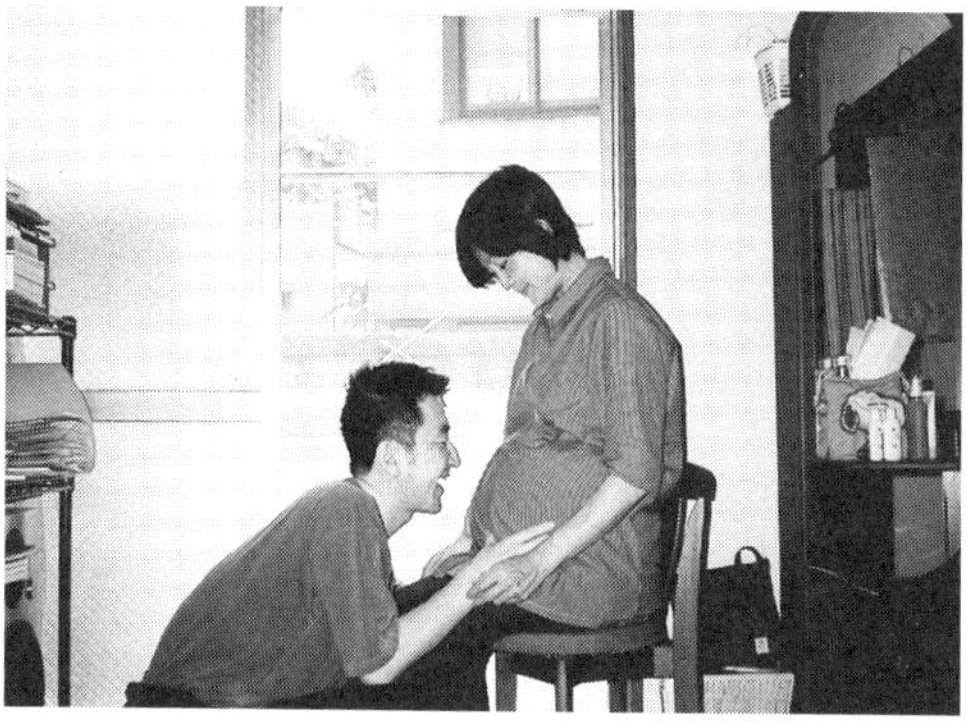

＜太一君家族＞　胎名“とんちゃん”“太一”。家族の一人として、胎児に自然に語りかける。

　当院で出産された母親七十八名に胎教の実践状況と実践した感想の聞き取り調査をしたところ、妊婦または家族が胎教を実践したという人が九五%でした。実践者の内訳は妊婦、夫、上の子の順に多く、他に妊婦の実母、義母、妹、義姉、姪《めい》、職場の人と、家族以外の参加も見られました。胎名をつけて語りかけた人は全体の約四分の三でした。胎名というのは胎児につけるニックネームですが、中には誕生後命名予定の名を胎名にしたり、複数の胎名をつけたり、性別が分かって変更したケースもありました。胎名の名付け親となったのは、夫婦、夫、妻、上の子でした。いくつかの胎名を挙げてみます。

○悠生・ゆうくん――夫が悠々自適という言葉が好きだから

○あみちゃんからレイリちゃん――四か月のときに上の子がつけた胎名を九か月目に夫が変更し、誕生後も同じ音の名前にした

○みんちゃん――皆から愛されるように

○キノコ・ピノコ――妻が高校時代に将来妊娠したらつけようと考えていた

○タマちゃん――超音波画像で胎児がアザラシみたいに動いていたので、丸々とした赤ちゃんが生まれたらいいなあと思ったから

ほかにもたくさんありますが、どの胎名にもつけた人の胎児への願いや愛情が感じられました。胎教をした人の感想は、ほとんどが肯定的なものであり、内容別に三つに分類しました。

一、胎児に対するもの

話しかけると動くので聞こえているんだなあと思った、上の子が話しかけると胎動があったなど、胎児に通じていると実感しているものが最も多く見られました。ほかに、生まれる前から家族の一員として意識できた、親しみがわいた、妊娠中から赤ちゃんに対する愛情が強くなったなどです。いずれも胎児の存在を実感するものでした。

二、妊婦自身のもの

話しかけて動くと嬉しかった、温かい気持ちになった、楽しかった、安心できたなどです。「安心できた」には、自分で胎教をすることにより得られた安心感のほか、自分以外の周囲の人がしてくれたことによる効果を上げたものも見られます。いずれも妊婦の心の安定につながるものでした。

三、その他

上の子が姉になるという自覚を持ってお手伝いができるようになり成長した、「頭、こっちだよ」と言っていたら逆子《さかご》が治ったなどです。

このような感想から妊婦のみならず家族にも意識の変化が見られ、皆で楽しく胎教をして過ごした様子が伝わってきました。中には、ちゃんと赤ちゃんが聞いてくれているのか不明だ、照れくさかったので小さい声でやった、赤ちゃんがいないのに話しかけていると思ったなど、胎教をしても胎児を実感できないとか半信半疑な気持ちで胎教をしたと窺《うかが》える意見も見られましたが、それらは皆両親学級不参加者のものでした。

つわりに対して、胎教実践者の中に、つわりが辛くても赤ちゃんのために頑張ろうと思った、六か月までつわりで具合が悪かったが、夫が話しかけてくれてストレスが減ったというものがありました。胎教非実践者の中に、二か月からつわりが強くておなかの赤ちゃんの事を考える余裕がなかったというものがあり、両者で違いが見られました。

これらの調査から、胎教をした妊婦とその家族は、胎児の存在を意識した生活を送ることが日常になっていました。胎教は妊婦の心の安定と家族のきずなづくりに役立つと考えられます。そして母親の妊娠中に家族で胎教をして楽しく過ごすことは、胎児にとってより良い子宮内環境を与えるものと言えるでしょう。

胎児を思いやる親の心と胎児の心は通い合う

胎教のビデオに出演したTさん夫婦は、妊婦検診に来院の度、楽しそうに胎教をされていたので、出産を控えたある日、ビデオ撮影にご協力いただきました。

父親が胎児に語りかける内容は、祖父から父、そして自分から胎児へと受け継がれていくいのちについての話から始まり、昨晩の妻のおいしい手料理のことなど、家族の愛情に満ちたものでした。夫婦が胎児に語る愛の言葉が私たちの心に響き、目頭が熱くなったほどです。

妻は帝王切開での出産のため、当日は「急に明るいところに出てくるから、そうしたら大きな声で泣くんだよ」と声をかけていました。

期待どおり元気な産声を上げて生まれてきた赤ちゃんを、妻の代わりに夫が上半身裸になって抱きました。出産直後には、カンガルーケアと言って、生まれたばかりの裸の赤ちゃんを母親の胸に直接抱かせています。パパカンガルーでも母親のときと同様、赤ちゃんはすぐに泣き止んで安心したかのように静かに抱かれていました。父親の表情やわが子にかける言葉や声の調子は出産前と全く変わらないものでした。夫婦は胎教について、次のように話しています。

「私たちにとっておなかの赤ちゃんに話しかけるということは、決して特別なことではなく、いっしょに暮らす家族としてごく普通の交流でした。それはなんらかの教育的な意図をもったものではないし、ましてや胎児にどんな影響を与えるのかなどと考えたことはありません。自分の思っていることを家族に話し、相手の言葉に耳を傾けるのは楽しいことです。楽しいから自然にやっていただけです」

夫婦にとって胎児は妊娠中から大切な家族の一員であり、胎児に話しかけるようになったときから、すでに親子の触れ合いが始まっていたのです。こうした家族との出会いを通して私は、胎児を思いやる親の心と胎児の心は通い合うと確信しています。

安産するために

私が巡回指導している学童クラブでのある日の出来事です。小学三年の女児二人と人生ゲームで遊んでいるときに、ゲームの中で結婚や出産という一コマがありました。すると彼らは口々に、「私、一生独身がいい」「私、子供いらない」と叫ぶのです。「どうして？」赤ちゃん、かわいいよ」と私が聞くと、「だって産むの痛いもん」「痛いのいやだー」という返事。このように、子供たちまでが痛みや恐怖という出産に対するマイナスイメージを持っています。

そこで少しでも安産に導くためのいくつかの方法をアドバイスしています。スポーツの世界でイメージトレーニングが効果を上げているように、まず、イメージをお産に取り入れます。マイナスイメージではなく、妊娠中に胎児や赤ちゃんの姿、出産シーンなどのプラスのイメージをたくさんつくるのです。両親学級で行っている「おなかの赤ちゃんに会いに行く」という瞑想もイメージの一つで、それを紹介します。

妊婦は楽な姿勢で床に座り、おなかに手を当て、夫は隣か後ろに寄り添い妻の手に手を重ねます。部屋を暗くして目を閉じゆっくり深呼吸。子宮の中の音を録音して編集したCDをかけ、私は心を込めて祈るように語ります。

「さあ、これから子宮への旅に出て、あなたの赤ちゃんに会いに行きましょう。そこは静かな海の中、暗くて暖かくて安全な所、聖なる場所です。もうすっかり人間の姿をした赤ちゃんが眠っています。お母さんの血液の流れや心臓の音が聞こえています。赤ちゃんはじっと耳を傾けていますよ。『私がママよ』『僕がパパだよ』『パパもママもあなたをとっても愛しています。大事に大事に育てますから無事に生まれてきてくださいね』。どうぞ、あなたの心の声で話しかけてあげてください……今、パパとママと赤ちゃんの心は一つです。とても幸せな時間です。三つ数えたら目を開けてください。ひとつ、ふたつ、みっつ、あなたの赤ちゃんに会えましたか?」

瞑想の最中に時々涙を流す人がいます。受講前に比べ、柔らかな表情を浮かべ微笑み合うカップルの姿に幸せな気分になります。

次は「私が産む、お産は私と赤ちゃんとの初めての共同作業である」という主体的な意識でお産に臨むことです。強い陣痛も新しい生命の誕生のための大切なエネルギーです。

最後に深呼吸、入浴、足浴、音楽、マッサージなどを利用し、副交感神経を優位に働かせて、リラックスをすることです。

以上のような方法で、痛みの閾値《いきち》（痛みを感じ始める強さのレベル）が上がり、陣痛の痛みに対する反応が鈍くなり安産につながります。安産であることは産後の体が楽であり、子供の世話もやりやすくなります。

出産に立ち会う

新しいいのちが誕生する瞬間はとても感動的で、いつも神聖なものに触れるような気持ちになります。いのちの重さを五感で実感できるチャンスです。一心病院では出産の感動を家族が共有できるように立ち会い出産を勧めていて、九割の人が希望します。夫をはじめ母親、兄や姉などが立会います。人生の始まりを家族の愛で包まれた赤ちゃんは、とても幸せです。

五人目の子の出産に立ち会った夫は、妻の差し出した右手をしっかりと握り、彼女が痛みのために握り締める力の強さに、自分の手が砕けそうで、自分も一所懸命に握り返したそうです。それほどお産の痛みはすごいと間接的に体験したわけです。そして、初めてへその緒《お》を切らせてもらい、「意外と切れないものですね」と感想を漏らしていました。

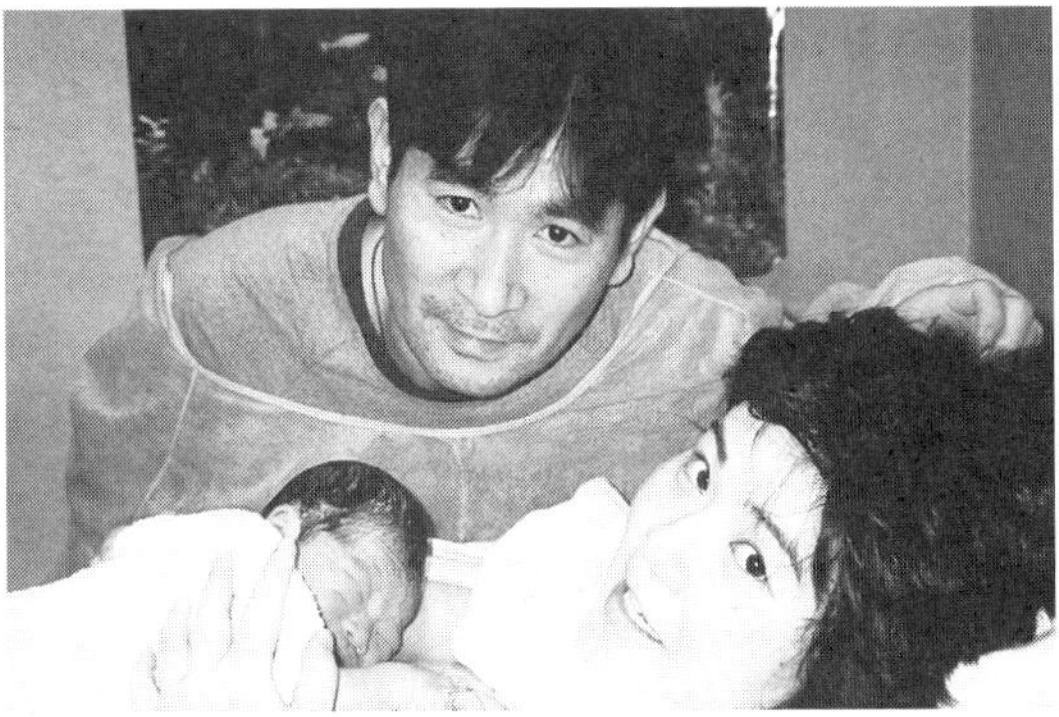

立ち会った夫の顔が変わった。妻と子を守る強さを感じる“父親の顔”。

立ち会った夫は、「なんと女性は偉大なのだろう」と感動し、妻への感謝の気持ちを強くするようです。「こんなにすばらしい体験は、ほかの夫にもぜひ味わってほしいので、夫の立ち会いをどんどん勧めてください」と頼まれたこともあります。

出産後、家族の記念写真を撮りますが、出産を無事終えた妻の最高に素敵な笑顔に負けないくらい、立ち会った夫や子供一人ひとりがいい顔をしています。その表情は「僕がお父さんだよ」「お兄ちゃんだぞ」と言わんばかりです。そして何よりもその貴重な体験は家族の一生の宝物となることでしょう。

立ち会いの目的は、妊婦にとって安心できる人に立ち会ってもらうことで、リラックスした状態でお産に臨んでもらうためです。夫の立ち会いにより交感神経の伝達物質であるアドレナリンの減少が見られるという報告があります。立ち会う人の役割は、赤ちゃんが出てくるのを見ることではなくて、妊婦のそばで彼女の望むことをしてあげればいいのです。話をしたり、腰をさすったり、そして、いよいよ陣痛が強まると、手を握ったり、汗を拭いたりと、人さまざまです。

兄弟の立ち会い

五人目の子の出産に立ち会った小学一年の兄は、初めのうちはいつもと違う母の様子に戸惑っていたのですが、最後まで父と共にしっかりと妹の誕生を見守ることができました。私が感想を聞くと「すごかったー」という返事。深く感動しているのが全身から伝わってきました。さらに「ちょっと怖かったけど、良かった。あのね、お尻から生まれてきたんだよ」と教えてくれました。

突然、母の元に駆け寄り「ねえ、お母さん、大変だったねー。腰痛いでしょう。大丈夫?」と、わずか七歳の男の子が優しいねぎらいの言葉をかけたのです。そして次に赤ちゃんに近づき、「体に何か白いの(体脂)付いてるね」と語りかけた後、考えるポーズを取って、「中に水があったのかなあ。寝ていたのかなあ」とつぶやきました。子供は素晴らしい感性の持ち主で、時に私たち大人には想像もつかないようなことを口にします。

今回、夫婦で兄の立ち会いを決めたきっかけは、いつもこの兄と四歳の弟が「赤ちゃんはどこから生まれてくるんだろうね」と話していたからです。

自然な性教育

別なご家族で、同じく五人目の子の出産に立ち会った小学二年、三年、四年の兄たちは、二年生の国語の教科書でおへそについて学んで既におへそのことを知っていたこともあり、本当にへその緒につながれて赤ちゃんが出てきたのを見て感動したそうです。彼らの立ち会いは、父親の強い希望でした。

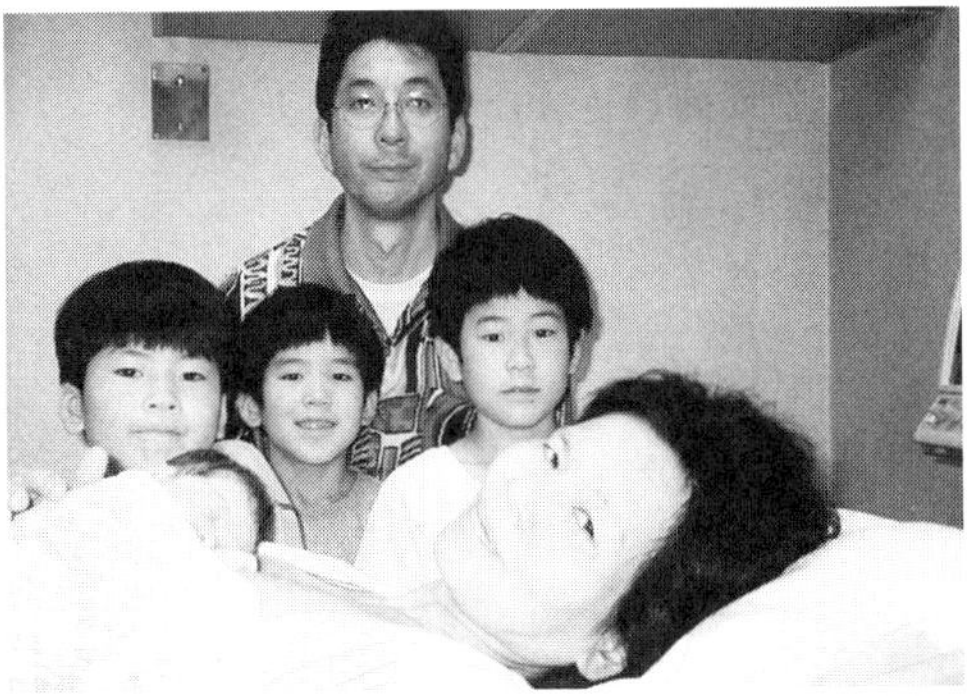

＜祥美ちゃん家族①＞　５人目で初めての女児出産。父と３人の兄（小４、小３、小２）が立ち会う。兄弟の立ち会いは「本物の性教育をさせたい」という父の強い希望から。

理由を聞くと「学校で性教育をしたとしても、先生の話やせいぜいビデオぐらいでしょう。妻の出産に立ち会わせることで、息子たちに本物の性教育をしてやりたい。それがいつかきっと彼らの役に立つと思うから」ときっぱり答えてくれました。

まさに親が子供にしてやれる最高の性教育、いのちの大切さの教育です。そうした親の思いは着実に子供たちに伝わっていくことでしょう。

カンガルーケアの効果

カンガルーケアは、出産直後に赤ちゃんを母親が抱き、直接肌を触れ合う方法です。これは一九七九年の南米コロンビアで二人の小児科医によって始められ、保育器が不足して、未熟児の体温低下を防ぐために考案されました。体温低下を防ぐばかりでなく、母と子の心の安定、きずなづくりに効果がありました。当院でも初めてカンガルーケアをしたとき、産声を上げた赤ちゃんが母親に抱かれるとすぐに泣きやんで穏やかになることに、スタッフ一同驚きました。

体験した母親の感想を紹介します。

「今回、生まれてすぐに抱っこして過ごした時間がとても幸せでした。安心できてうれしいひと時で、愛情がフツフツとわいてきて、愛しい気持ちでいっぱいになりました。これ

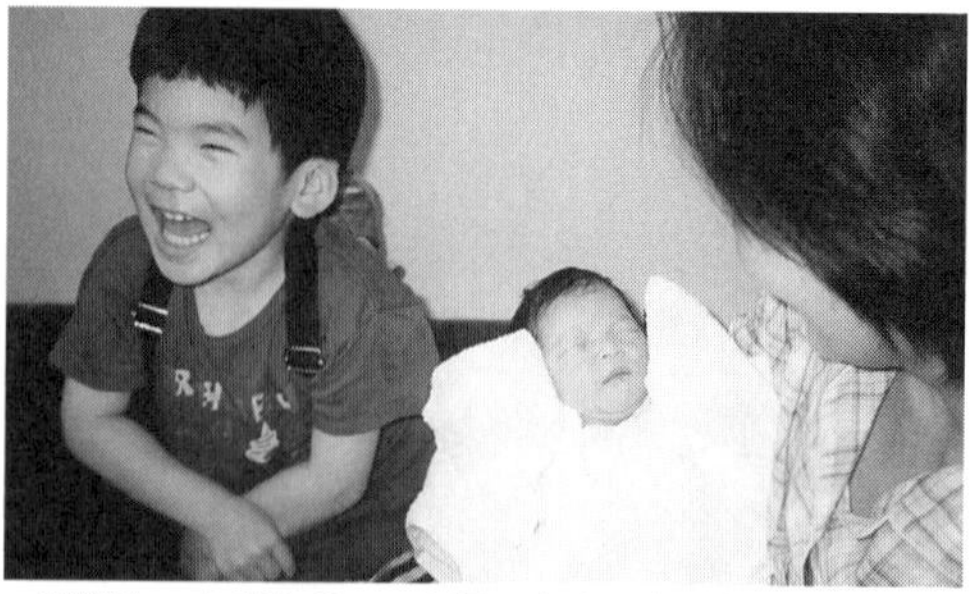

＜祥美ちゃん家族②＞　夜遅い出産で立ち会えなかった4男（3歳）は翌日面会。誕生前は毎日ママのおなかをなでてキスしたり、「赤ちゃん、よしよし」と頬ずりしていた。帰るとき「赤ちゃんと別れたくない」と泣き出す。

からの子育てで何があっても、このときのことを思い出して乗り越えていけると思います」

パパカンガルー

母親が帝王切開でもカンガルーケアを行なっている施設はありますが、当院では父親がパパカンガルーになります。それは予想以上に好評で、ビデオ撮影に協力していただいたTさんに続く体験者がどんどん増えています。

Tさんの感想を紹介します。

「妻が帝王切開での出産だったため、産後のわが子と妻との対面は短時間でした。代わりにカンガルーケアは父親である私がすることになりました。手術室から看護師さんに抱かれてやってきた熱くねっとりとしたわが子は、上半身裸になった私の腕の中で体を丸め、唇を胸に押しつけてきま

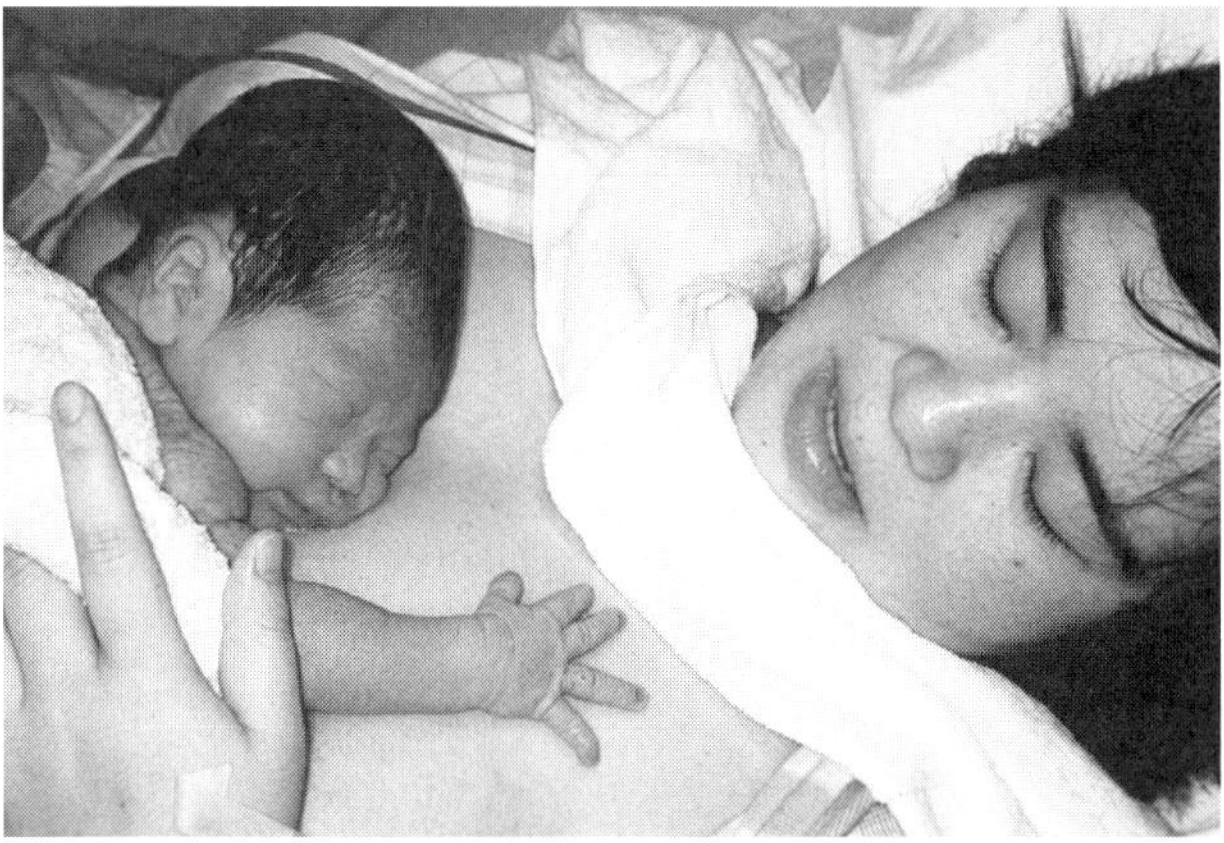
＜智香ちゃん家族＞　胎名も同じ。しっかりと抱き合う。

した。まるで乳房を探し、おっぱいを吸うかのような動きで、そのときの柔らかいくすぐったさは今でも覚えています。わが子には『お父さんだよ、よろしくね』と初対面のあいさつ、そして無事にお母さんのおなかから出てきてくれたことに対する感謝を伝えました。彼はしばらく体のぬれたひな鳥のようにしていましたが、そのうち地上での初めての眠りに入っていきました」

出産直後のわが子と父親とのカンガルーケアの体験の感動が、この文章からにじみ出てくるようです。こうした産後早期からの父親と赤ちゃんの接触は、後の父親の育児行動が積極的になると言われています。

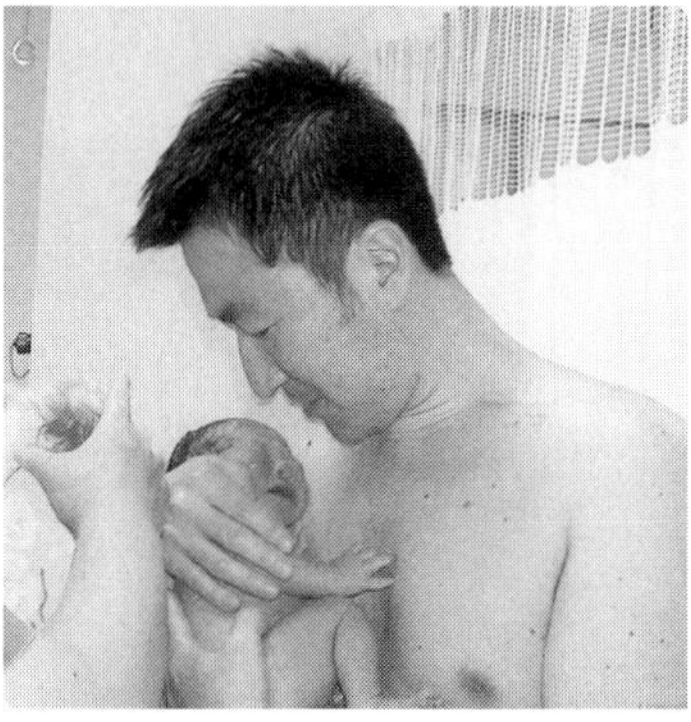
<パパカンガルー>
「今はお父さんの声も顔もわかるね」

乳幼児期の触れ合い

米国で新生児の研究が進んだきっかけは、新生児医療の発展に伴って幼児虐待が多発するようになり、大きな社会問題になったからです。医療の進歩により未熟児の死亡率が激

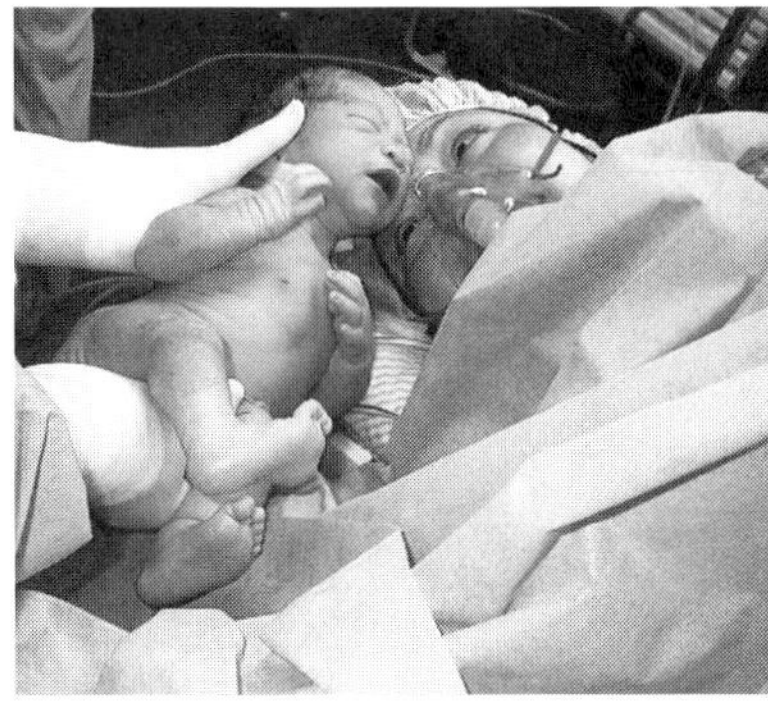

＜太一君誕生＞　ママとスキンシップ

減した反面、赤ちゃんが長い間保育器に入れられ、外との接触が断たれていることによるマイナス面が、退院後表れるようになりました。親子の結びつきがうまくいかず、時には虐待に発展します。そうした問題によって、出生直後からの赤ちゃんと親との接触の重要性が分かってきたのです。

出生直後の赤ちゃんは五感をフルに働かせ、積極的に外界を知ろうとするのです。生後数日で、自分の母親を認識できるようになります。

このように、赤ちゃんは従来考えられてきたような受動的な存在ではなく、むしろ能動的な存在です。いくつかの研究によって生後長時間、周りとの接触が断たれていると、赤ちゃんの感覚能力が育たないことが分かってきました。さらに驚くことに、笑わない、泣かない、表情が乏しい、親と視線を合わせないなどの特徴を持った〝サイレント・ベビー〟になりやすいと言われます。そして問題なのは、このような現象が一般の赤ちゃんにも見られるようになってきたことです。

ですから、乳幼児期にいちばん大事なのは、親子の心が通い合う十分なスキンシップ、コミュニケーションです。日常生活の中で抱っこやおんぶをする、おっぱいをあげる、頬ずりをする、キスをする、体をくすぐる、子守歌を歌う、話しかける、見つめ合う、いっしょにお風呂に入る、添い寝をするなど、いろいろあります。中でも抱っこやおっぱいは母子の間の一体感をつくるので赤ちゃんは大好きです。赤ちゃんが母親に求めているものは、胎児のころの安心感や温かさ、心地良さではないでしょうか。

親子の信頼関係を築く

赤ちゃんにも喜怒哀楽、快不快、好き嫌いの感情があります。オムツがぬれていて気持ちが悪いとき、早めに替えてもらうと不快から快適な感情に移行します。部屋に一人でいて寂しくて泣いたとき、誰かが跳んで来て抱き起こしあやしてくれると、寂しい気持ちが吹き飛んでうれしい気持ちに変わります。そうした赤ちゃんのさま

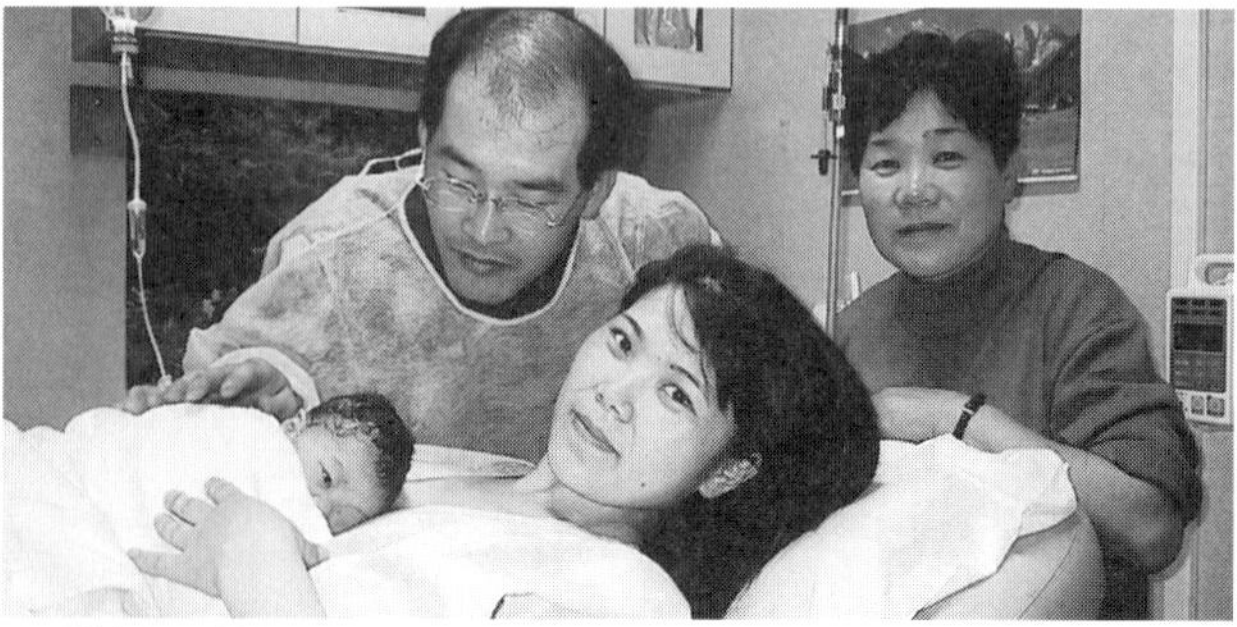

<秀敏くん家族>
胎名"あーちゃん"は1歳の姉がつけた。夫と実母が立ち会う。

ざまな感情をありのまま受けとめ、欲求を理解してうまく応えてくれる人が身近にいると、赤ちゃんはその人との関係を通して、やがて一歳半ごろまでに人間関係の基礎になる「安心感」「安全感」「信頼感」を学び取ります。

心身にストレスが加わっても短時間であれば問題は少ないのですが、長時間に及んだり、日常的にストレスを受けていると、心は不安定になり、ストレスに対して通常とは違った解消方法を見つけます。そのような場合は、悲しみや怒りを潜在意識下に押し込んでしまい、非常に感情の乏しい子供や、攻撃性を溜め込んで、突然キレるような子供になることがあります。いつも親のコントロール下にあって、自分の意思で行動できない子供もいます。

信頼できる存在がいないばかりか、いつも否定されていると、対人関係能力の低い、自己肯定感の持てない子供になってしまいます。このような子供たちが、後にさまざまな問題行動や心身症などを引き起こすのを目の当たりにすることが増えてきました。

乳幼児期の子育て

バランスの取れた脳の発達のために乳幼児期に大切なことを挙げてみましょう。

一、規則正しい睡眠・栄養・運動

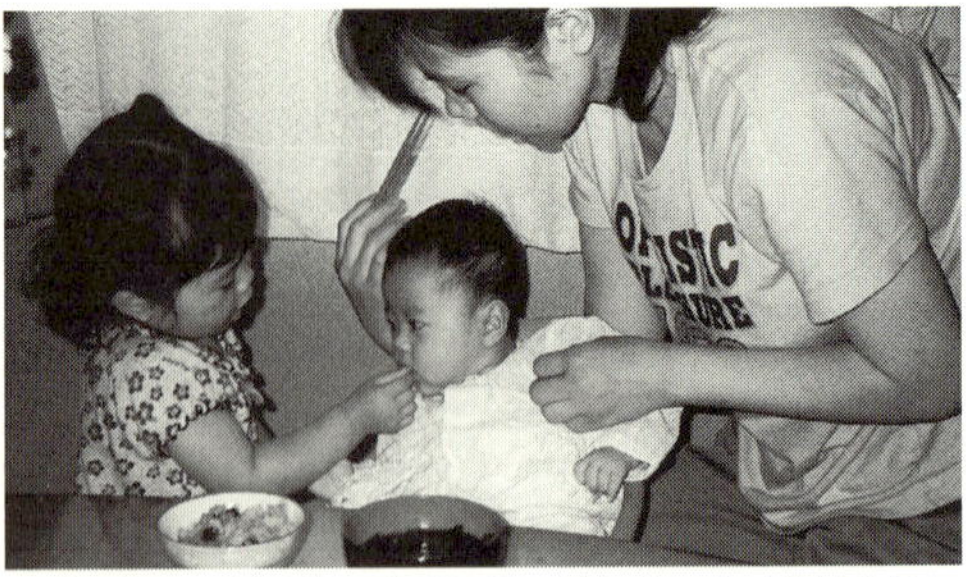

お食い初め。姉２歳、弟100日。姉も弟に食べさせようとする。口元が汚れるとハンカチで拭く。

睡眠リズムや体温調節、ホルモン分泌などをつかさどっている生命維持装置としての脳幹を鍛えます。平成十二年の調査によると、夜十時以降に寝る三歳児が五二％もいます。

二、親子の十分なスキンシップ、コミュニケーション

これにより安定した愛着（心のきずな）関係を築き、基本的信頼感を確立します。

三、「子供の時間（自然や動物との触れ合い、友だちとの遊び）」を過ごす

テレビ、ビデオ、パソコンなどに偏った遊びではなく、五感を通した体験が大事です。異年齢の子供や集団での遊びを通して人間関係や社会のルールも身につきます。

四、意欲のある子に育てる

日本は少子化の影響で過保護や過干渉になりやすい傾向にあります。子供の知的好奇心や探究心を尊重し意欲のある子に育てるためには、親は口や手を出し過ぎないようにすることです。ただし危険なことがないようにそばで見守り、必要なときは援助します。

五、躾をして理性を育てる

親子の信頼関係を築いたうえで躾《しつけ》をします。歯磨き、手洗いなどの躾はもちろんですが、生涯において大切にしてほしいこと、例えば、モノやいのちを大事にすること、善悪の判断ができることなどは、各々の家庭で子供に理解できるように教えたり、親が手本を示してほしいと思います。

このような育児が脳幹、大脳辺縁系《へんえんけい》、大脳新皮質、それぞれの連携がバランスよくとれた脳をつくると考えます。そのような子供たちはより良い人間関係に恵まれて、自らの人生を切り開きながら生き抜くための「力」をつけていくことでしょう。

関係性の再構築を

戦後の日本社会は、経済至上主義、競争原理によって成り立っています。それは子供、老人、障害者、子育て中の母親など、社会的に弱い立場にある人々にとっては厳しい社会です。そうした社会の弊害が招いたものの一つが児童虐待であると思います。

社会がどんなに変わろうとも、人間の本質が変わらないように、育児の本質もそんなに変わるものではありません。

0歳児を子育て中のある父親は、「おれもこんなことをしていたんだなあ。こういうふうに親に世話をしてもらわなければ一人の人間として育たないんだ」と言っていましたが、未熟な状態で生まれ、親に依存しなければ生きていけない赤ちゃんの立場をうまく言い当てています。子育ては非合理的でたいへん手間のかかる仕事です。しかし、それによって親の忍耐力が養われ、子育てをしながら親も成長するのです。

子育てには知識や経験以上に、親の感性が大事です。言葉をまだ話すことのできない赤ちゃんの気持ちを表情や体の動き、泣き声などから読み取るような感性です。

私たち大人は互いを理解するのに、主に話すというコミュニケーション手段をとりますが、この会話によるコミュニケーションすら取れない人が増えています。そのような人が親になると、ますます対人関係能力に乏しい子供が増えていくと思います。

人は関係性の中で生きるものですが、現代はその関係性が家庭でさえ切れた状況になりつつあります。人々から思いやりの心が失われ、「無関心」という社会病理が日本中にはびこっています。その意味でこれからは、「関係性を再構築する」時代と言えるでしょう。

子育ては人生を変える

親がわが子の姿を通して見るのは、自分と親との関係です。自分が親にどのように育てられたかという親子関係の問題に直面します。子育て上手な親に育てられた人は、やがて自分もそうなりやすいし、逆のことも言えるようです。ですから、子供に愛情を感じているのに子育てがうまくいかない場合は、いくらでもあり得るのです。

私が「人はどんな子宮内環境で胎児期を過ごし、どのように生まれ、乳幼児期をどんな家庭環境で過ごしたかということが、その一人の人間の性格、健康、人生に影響を与える」と両親学級で話しているのはこのことです。

人は両親や祖父母の未解決の問題を世代を超えて受け継ぐのです。アルコール依存症、児童虐待、摂食障害、離婚なども世代間で連鎖しやすいと考えられます。児童虐待は統計的に虐待する親の三分の二は親自身が子供時代に彼らの親から虐待を受けていたと報告されています。

自分と親との関係を見直し、生育歴を調べてみると、現在自分の抱えている問題のいくつかが、そこから生じていることに気づきます。そして今度は同じことを繰り返さないように修正していけばよいわけです。時にはカウンセリングなどの専門家の治療を受けることも必要になります。

先祖から子孫にわたる生命のつながりを考えると、人生の目的は、世代を超えて受け継がれてきた悪い連鎖を断ち切ることにあり、生涯をかけてでも克服する価値があります。

克服できた後の人生は、過去の事実は変わらないのに、認識が変わることによって生きることが楽になります。自分も家族も幸せになり、次の世代の人々も幸福へと導くのです。

子の心親知らず

同じような境遇で育っていても、犯罪を犯すような人になる人とならない人がいます。その分かれ道は、何でしょうか。人生のどこかの時点で、自分を肯定的に受け入れて信じ愛してくれるような人との出会いのあるなしだと思います。そのような人が一人でもいると、自分は存在してよいのだという自己肯定感を持ち、人生の危機に臨んでもそれを乗り越えられることがあります。今まで辛く悲しい体験をしてきた分、こうした思いを他の人にはさせたくないという思いやりの心を育て、自分も人も愛し大切にできるようになります。こういう人は自分の悲しみや苦しみを昇華していく力があるのです。

反対に誰からも受け入れられず、否定され続けていると、悲しみや怒りが憎しみや恨みとなって、自分などどうなってもいいと自暴自棄になり、結果的に自分や人を傷つけ、事件を引き起こしてしまうことがあります。

椎名篤子著『家族「外」家族』(集英社)の中に、「臨床の現場で得たのは、大人の精神科を訪れる人の病気の芽が、乳幼児期の親子関係のすれ違いにあること、乳幼児が見せる心の問題を早期に発見し、親子関係の調整をすることが、精神科的な病気の予防につながるという思いだった」という一節があります。まさに、「親の心子知らず」の前に「子の心親知らず」なのです。

私は小児科医として仕事の半分は病気を持った子供たちの治療に、残りの半分は心に問題を抱えた子供やその家族のカウンセリングにあたっています。子供の前ではいつも相手を一人の人間として尊重し、対等の立場に立って話をするよう、心がけています。すると、自然に子供たちの本音が出てきます。これまでに人生で大切なことを私に教えてくれたのは、感性豊かな子供たちです。今、本当に変わらなければいけないのは私たち大人のほうです。「親学」、つまり親になるための学問を始めることが、今の世の中にどれほど必要であるかを痛感しています。

忘れられない子供たち

平成十四年の夏、「あしなが育英会」主催の「国際的な遺児の連帯をすすめる交流会」に参加したときのことです。アメリカ、アフガニスタン、ウガンダ、コロンビア、台湾、トルコから三十六人の遺児が来日していました。そこで私は、過酷な運命を生きている世界の遺児たちに出会い、衝撃を受けるとともに自分たち大人の責任を強く感じました。

アフガニスタンの空爆で両親を亡くしたうえに自分も地雷で片足を失った十三歳の少年が平和を願う挨拶をしてくれました。りっぱな挨拶に観客の拍手が会場にわき起こったそのとき、突然、彼は壇上に横たわりました。だれもが何事かと注目する中で、彼はズボンの裾をまくり上げたのです。私たちの目に飛び込んできたのは、彼の義足の足。その姿に心が凍るような思いがしました。

再び立ち上がった彼は、「戦争は嫌いだ。戦争は絶対にいけない。その結果がこれだ」と叫びました。会場が一瞬シーンと静まる中で、彼の目は中空をにらんでいました。まだあどけなさが残る少年の顔から、怒りと悲しみがひしひしと伝わってきました。

その後、会は立食パーティになり、料理をほおばる子供たち。広い会場をところ構わず走り回ったり、風船をボール代わりにあちこちで打ち合って遊びはじめました。目と目が合うと、限りなく温かいまなざしを向け、明るい笑い声で会場を包んでくれた子供たちに心を洗われました。彼らとともに過ごした四時間は、私にとって生涯忘れることができない時間となりました。

〝それにしても、あの目の輝きはいったい何だろう〟

アフガニスタンは、二十年に及ぶ内戦が続いたうえにアメリカ軍による空爆を受けた国。ウガンダはエイズ患者が世界一多い国。戦争や災害、エイズで親を亡くしたこの子供たちは、抱えきれないほどの苦しみや悲しみの中で生きています。そんな生活の中での喜びとは何でしょうか。想像ではありますが、今日まで生きてこられたことへの感謝、それとも人と人とのつながりでしょうか。心の痛みの分かる子供たちは、とても優しく、人に無関心ではいられず、思いやりも強いのです。

日本は豊かになりすぎて、その分、心が貧しくなっているのではないでしょうか。私利私欲に走り、傲慢な人が増えています。そんな大人たちの姿を見て子供は育っていくのです。私たち大人は子供のことを真剣に考え、世界の子供たちに目を向けなければなりません。そして、日本の子供たちの目を輝かせたいと思います。

T君の退院

今まで多くの子供やその家族と接してきた中で、生涯忘れられない感動を与えてくれた家族がいます。

今から十年前、私はある病院のＮＩＣＵ（新生児集中治療室）に勤務していました。そこは、二十四、五週で早産した六百グラム前後の未熟児や、先天的な障害を持って生まれた新生児が入院している病棟でした。

それ以前に勤務していた一般の小児病棟とは違い、中には死に直面している子供たちもいるところです。幾度かの危機を乗り越えて退院していく赤ちゃんもいますが、年間数十人の赤ちゃんは治療のかいもなくこの世を去っていくという環境で、私はいつしか「生まれてくる意味」についてとことん悩むようになりました。生きる可能性のほとんどない未熟児や先天異常児は、いったいなんのために生まれてくるのでしょう。家族は悲しみのどん底に落とされます。家族を苦しめるために生まれてくるとは考えたくありません。

そんなときに目の前に現れたのが、誕生したばかりのT君でした。彼は、脊髄髄膜瘤（脳に続く脊髄という神経の束が、腰から体表に脱出する病気）を持って誕生。生後すぐに手術を受け、間もなく合併症である水頭症の手術も行いました。手術は成功したものの、時々けいれんを起こすので退院はできませんでした。

月齢が進むにつれて、泣くと見る見るうちに顔が紫色になり、そのまま呼吸と心臓が止まるようになり、やがて病院で一歳の誕生日を迎えました。

そんなある日、部長からT君を退院させるようにという指示がありました。私もスタッフも非常に驚き、果たしてそのようなことが可能なのかと不安を抱きました。いちばん当惑したのは家族でした。

Ｔ君には、当時、小学一年生の兄と三歳の姉がいましたから、家族からはすぐに在宅の看護は無理だという返事がきました。ケースワーカーを含めてスタッフ全員で何度も検討を重ねた結果、「病院にいたからといって彼が亡くならないという保証はない。彼の残された人生の質、家族と共に過ごせる喜びを考えれば退院させたほうがいい」という結論に達したのです。その方針を伝えると、家族も覚悟を決め承諾してくれました。

それからは退院に向けて母親に蘇生の方法や呼吸モニター、吸引器の取り扱い方などを指導しました。さらに一か月、Ｔ君をＮＩＣＵから一般の小児病棟に移し、母親が付き添って状況を把握したり、さまざまな処置を実践しました。

ついに退院の日。母親に抱かれたＴ君を見送る病棟スタッフの心には、こみ上げる感動とともに、あすにも戻ってくるかもしれないという不安とが交錯していました。

Ｔ君にとって生まれて初めての家族との生活。迎え入れる家族にとっては、過酷な日々の始まりでもありました。

母親は一日中Ｔ君から目を離すことができないので、外出のときは彼を連れ、救命セットを携帯しました。症状の急変は時を選びません。日中発作が起これば母親が、夜間は夫婦で蘇生をしました。

母親がT君を入浴させた後、自分が湯船につかった途端に、小学一年生の長男の叫び声でT君の異変に気づき、風呂から飛び出して裸のまま蘇生を続けたこともあったそうです。いつも時限爆弾を抱えたような緊張状態が続いていました。

あるとき、母親から、「T一人が子供ではないので、彼を医療施設に預けてほかの子供たちを連れて主人と四人で温泉に行ってきました」という連絡がありました。病児一人にのめり込んでしまうような人ではありません。彼女の母親としての強さ、犠牲をいとわない愛の深さにいつも感銘を受けていました。

生にはすべて意味がある

こうして時は過ぎ、私の不安もいつしか薄らいだころ、ついに恐れていた日が来てしまいました。いつものように蘇生をしてもT君の状態は回復せず、救急車で病院に運ばれてきたのです。必死の蘇生で心臓は動きはじめたものの、呼吸と意識は戻ることはありませんでした。

意識が戻ることへの一縷《いちる》の望みを捨てずに面会に訪れていた母親が、ある日T君の兄と姉を病院に連れてきて、「きょうは、幼い弟が必死で病気と闘っている姿をこの子たちにぜひ見せてやりたくて」と申し出たのです。体中をチューブでつながれて変わり果てた弟の姿に二人の兄と姉は体を硬くしていました。それでも母親に促《うなが》され、兄は弟の手を握り、小さな声で名前を呼びました。姉は無言のまま微動だにしませんでした。面会を終えて帰っていく三人の後ろ姿を見て、涙がこぼれました。

翌日、いつものように傍らに行くと、T君の様子が違っているのです。医学的には何の変化もないのですが、明らかに違う。いわば魂の抜けた体のみがベッドの上にあるという感じでした。その日、面会に来た母親にも「何かあったのですか。昨日とは様子が違うようですが」と聞かれたときには驚きました。二人のほかは誰も気づかなかったのです。〝昨日、兄と姉に会ってT君は安心してお別れしたのかな〟と思いました。

それからしばらくして、T君は母親の胸に抱かれながら永遠の眠りにつきました。

彼が自分の家に帰って家族といっしょに過ごしたのは、わずか五か月間でした。しかし、彼の状況を考えると、予想を超える長さだったのかもしれません。その間、病院にいたときとは比較にならないほどのいい笑顔を見せていました。家族にとっても思い出をいっぱいつくることのできた五か月でした。

お葬式の日、母親は私に次のように語ってくれました。

「Tは、私たち夫婦の子供とは思えないほどすばらしい子供でした。家族がいっしょに過ごせてよかったです。うちはお金はないけれど、夫婦、親子、きょうだいみんな仲のいいのがとりえです」

この言葉は、私の心に深く残るとともに大きな救いとなりました。

短命の運命で生まれてくる子供たちは、すべて意味があってこの世にやってくるのです。家族のきずなを深めるために生まれてくるのです。

子供たちは、すべて意味があってこの世にやってきます。だからこそ、親はそのいのちから何かを学んでほしいのです。子供たちが発信するメッセージを受けとめてあげてください。

今、日本の子供たちはふさわしい体と心のケアを受けていないのかもしれません。親である私たちが、再度、子育てについて見つめ直すことによって、明るい未来が見えるかもしれないのです。そのためには、育児を一つの学問と考えて、広く知識を学ぶ必要があると思います。その第一歩として、親として最低限必要なことを学ぶ「親学」を始めてみませんか。それが私からの提言です。

（写真提供＝髙橋えみ子氏）

第三章　子供の心はどのように成長するのか

渡辺　久子

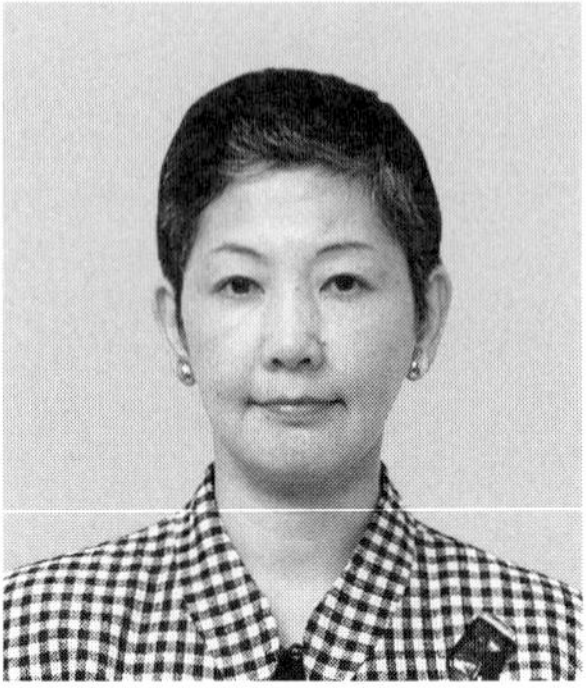

渡辺《わたなべ》 久子《ひさこ》

慶應義塾大学専任講師（医学部小児科学教室）。慶應義塾大学医学部卒業。同大学小児科学教室・精神科学教室助手、小児療育相談センター、横浜市立市民病院神経科、老人リハビリテーション友愛病院、英国タビストッククリニック臨床研究員などを経て、現在に至る。子供の心の専門家として活躍する。

小児医療の現場で学んできたこと

大学病院の小児病棟は、超未熟児として産まれたために出生後も家に帰れない新生児や、難病に苦しむ幼児が入院していたり、外来にはわが子をうつ病と診断された母親が途方に暮れながら診療の順番を待っていたりしているところです。

小児科医は、そのような現場で見ず知らずの人々と出会うわけですが、診療という行為を介して、瞬く間に人々と深い人間関係に入っていきます。なぜならば、そこは苦しむ親子にとって生き延びるために最後の希望を託す場であり、私たち小児科医は共に生きていかねばならない相手だからです。

私は今年で臨床経験三十一年になりますが、医師として初めて小児病棟で働きはじめたときにはショックを受けました。そこには植物人間に近いような障害児に寄り添う母親がいました。その静かで穏やかに子供に寄り添う母親の姿に、聖母マリアのイメージが重なったような思いがしました。それまでの人生でも、私はいろいろなすばらしい人々に出会ってきましたが、その母親ほど心を打つ人を知りませんでした。重症の子を持つ母ほど愛が深いのだという感銘を覚えました。そのとき、私は二十五歳でした。

私の最初の患者は、重症のネフローゼ（腎炎）の男の子でした。私が聴診器を当てて診察しようとすると、その子は自分で手を出して私の上腕をぐっとつかみ、聴診器を口に持っていきました。そしてニコッと笑いました。口には出しませんでしたが、〝診察してもいいよ〟と許可してくれているような雰囲気で、存在感のある子でした。母親はすぐそばで、〝いいんだよ、大丈夫だよ〟と子供に語りかけるような雰囲気で座っていました。

私が医学生だったころには、乳幼児精神医学という分野は日本の医学界には存在しておらず、小児精神科医になるための道はまだ確立されていませんでした。そのため小児科・精神科・神経内科など、いろいろな講座や現場で学びながら自ら手探りで進むしかありませんでした。しかし、小児精神科医になる道がなくても、私の目の前には病気の子供がいるのです。そしてわが子のために不眠不休の看護もいとわない母親がいるのです。

小児医療の現場は、人間が生きている現場であり、医師と患者とその家族が必死で苦難を乗り越えようとする現場であり、そこには学ぶべきものはいくらでもあると思いました。

親離れ・子離れ

私には子供が二人いますが、二人ともすでに親を離れていってしまいました。娘は、

「お母さんの出張所を海の向こうにつくるよ」と言って、国際結婚をしました。また、息子はやんちゃで、すでに十二歳のころから親離れを始め、私の嫌がることでも自分がやりたければ次から次へとするようになりました。

赤ちゃんは出産のとき、へその緒を切られて母親と離れ、この世に生まれてきます。そして、成長して思春期になると、今度は心理的なへその緒を切って自立していくことになります。息子は初めての子ですが、いつまでも母親のかわいい坊やであることを拒否し、母親から自由になりたいといわんばかりに手ごたえのある反抗をしました。例えば、十二歳ですからタバコなどは吸いませんが、「長ラン」と呼ばれる特殊な学生服を着込んで、その長い上着の前をパッと開くとバッジがずらりと並んでいたりしました。また、夫の礼服用のズボンがどこかにいってしまったと思っていたら、物々交換でダボダボなズボンを手に入れて、それを学校ではいていたのが見つかって、中学校の先生から「はい、お母さんにお返しします」と渡されたこともありました。

私自身は、優秀な専業主婦の母に手塩にかけて育てられました。同じように私も手塩にかけて息子を育てながら、知らぬ間にわが息子はわが家のプリンスでいてほしいという気持ちがあったのだと思います。そのプリンス像を壊して息子が親離れをしていくとき、母親は一瞬、「産まなきゃよかった」と思うくらい幻滅を味わうものだということを教えられました。母親を徹底的に幻滅させることが男の子の母親離れなのだということを身をもって味わいました。その点で息子にたくましさを感じました。息子は現在二十九歳ですが、今でも息子をかわいいと思う私の気持ちが表に出すぎると、迷惑でしょうから、息子といっしょにいるとき、私はできるだけありのままの愚かな自分を出しています。

親としての自分を語るとき、私が語れるのはせいぜいこのようなことしかありません。私は自ら手探りでやってきたことしか話せませんが、私が手探りでやってきたことこそ、真実の話だということも言えます。私はいろいろなところでよく講演をしますから、以前にも私の話を聞いたことがあるという方がいらっしゃるかもしれません。しかし、私はこう思うのです。もしそれが十年前のことだったら、四十代の私の話だったのです。私は今五十代です。四十代よりはるかに成熟度の高い五十代です。ぶどう酒でいえば五十年もののぶどう酒と言えるわけで、似たような話でありながらおのずから中身が違ってきていると思うのです。

私に限らず四十代の女性というのは、肩肘《かたひじ》を張り、むきになって男性に対峙《たいじ》しているところがあります。しかし、五十代になると、男性が置かれてきた状況を理解したうえで共感することができるようになりました。実際、女性は男性に対して我慢をし、下請けのような仕事に甘んじて、男性の母親のような役を担わされることが多いものです。それはなぜなのだろうかと考えると、要するに男性が男の子として思春期にしっかりと母親離れをさせてもらえなかったからなのではないかという思いに行き着きます。

いのちとしてのプライド

では、なぜ母親は思春期に息子を親離れさせなかったのでしょうか。それは、わが国では昔から、男女の関係において、妻が夫から十分に満たされるということがなかったからです。つまり、一対一の人間として男女のパートナーシップで満たされていないから、妻が母親になったとき、息子にのめり込んでしまうのです。それというのも男性が忙しすぎたせいです。

私は歴史の専門家ではありませんから確かなことは言えませんが、少なくとも幕末以降の男性は忙しすぎたのだと思います。日本の男性は、黒船に象徴される欧米列強の脅威にさらされ、欧米に追いつけ追い越せで余裕を失ってしまったようです。欧米列強の脅威を前にした日本は、〝男は国と家族を守るものだ〟という誰にでもアピールできるスローガンを掲げました。そして、男性は会社や職場で朝から晩まで懸命に働き、日本の国力を高め日本人のプライドを守りました。

さて、現代の日本に生きている私たちが、今取り組むべき課題は何でしょうか。この本の読者の方々は、人間はお金だけで生きていると思うような人たちではありません。もし人間はお金のために生きていると考えるような人なら、この本を読んでいるよりもお金もうけに励んでいることでしょう。また、皆さんは社会的な肩書きのために生きているとも考えていないでしょう。衣食住は足りているほうがよいのですが、私たちは、それだけのために生きているのでもないということは分かっています。

それではなんのために生きているのでしょうか。それは「人間にとっていちばん大切なものは何か」という問いの答えと同じです。その答えは「心」です。あるいは「いのちとしてのプライド」と言ってもいいでしょう。それは人に褒《ほ》めてもらったり、おだててもらったりするプライドではありません。自分が自分のあり方を心地よいと思えるというプライドです。心理学では「自己評価」とか「自己肯定感」という言葉を使いますが、いわば一人の人間として生きるというプライドを指します。私たちが本気で取り組むべき人生の課題は、この「いのちとしてのプライド」だと思います。

「一寸の虫にも五分の魂」という言葉がありますが、このプライドは0歳の赤ちゃんでも持っています。私が皆さんにお伝えしたいのは、この事実です。自己評価の大切さはすでに小児精神医学では明らかになっていることであり、おそらく最先端の心の研究とも合致している事実だと思います。

無理強いは教育にならない

０歳の赤ちゃんにも一人の人間としてのプライドがあることを教えてくれる実例があります。普通四十週で生まれてくるはずが、その赤ちゃんは、なんと二十六週で生まれてきました。生まれたときの体重は四百八十六グラムでした。初めての子だったので、母親はすっかり気が動転してしまいました。赤ちゃんは大学病院の小児科の新生児室に長い間入院しました。このような体験自体が母親の心に深い傷を残しました。いわゆるトラウマ（精神的外傷）となってしまったのです。

医療スタッフは懸命に応援し、母親がトラウマを乗り越えられるように努力しました。赤ちゃんに対しては、それ以上の努力を傾けたことはもちろんのことです。そして、赤ちゃんは何ひとつ発達の遅れも後遺症もなく、奇跡的に助かり無事に退院できました。あとは赤ちゃんの発達のフォローアップをするだけでよいはずでした。ところが、それだけではすまなくなってしまったのです。

その赤ちゃんは、普通の子より三か月半ほど早く生まれてきました。つまり、この母親は妊娠中のある日、突然に自分の体から胎児を切り離されてしまったわけです。彼女にとって、その対象喪失感だけでも大きな心の痛手でした。

さらに、新生児室で顔や体にいくつものチューブが付けられているわが子は、肌が異様に青ざめ、老婆のようにしわくちゃでした。医師の立場から見ればごく普通の未熟児の赤ちゃんですが、彼女にとっては、テレビや雑誌で知っていた赤ちゃん、あるいは若い女性として知っていた赤ちゃんとはひどく違っていました。そのため、彼女は深く傷ついてしまったのです。そのような状況で私のところにやって来ました。

彼女はこのトラウマを乗り越えるために、わが子を一所懸命に愛そうと決心しました。例えば、必死になって授乳をしようとするのですが、あまりにも一所懸命にやるために緊張してしまうのです。すると、彼女の緊張が赤ちゃんに伝わり、赤ちゃんも同じように緊張して萎縮《いしゅく》してしまうという現象が起こりました。

医師としての経験から言えることですが、早産児は月足らずで母親の子宮から出てきてしまったことによるストレスをたくさん受けています。そのために、普通に育った子供よりも早く敏感に母親の緊張を感知してしまうようです。母親がただならぬ傷を受けて、ただならぬ気持ちで自分に迫ってきているという異様な感じが分かってしまうのでしょう。その赤ちゃんは母親の授乳を拒否しました。心理的にレイプ(強姦)されたような圧迫感があるわけですから、赤ちゃんとしては自然な行動なのです。

　私自身にも似たような経験があります。私はピアノが好きで、娘にもピアノを習わせようとしましたが、拒絶されてしまいました。「あなたといっしょにピアノを弾けるといいなと思っているのよ」と言っても、全く受けつけませんでした。娘にしてみれば、それは心理的なレイプを受けたのと同じことだったのです。つまり無理強いです。無理強いしなければ娘はピアノが上手になっていたと思うのですが、無理強いしたために娘はピアノを弾きませんでした。

　その代わり彼女は歌に逃げました。私の友人が歌を教えていて、私からその先生のもとに逃避したのです。そして歌を習い、ある少年少女合唱団に入りました。今はもう歌は趣味として楽しみ、普通の主婦をしており、家事をするのがとても楽しいと言っています。そのような娘を見ていると、自分で好きな道を選び満足している姿は、さすがだと思います。親は必ずいつか子供に乗り越えられるときがあります。私の息子も娘ももう自分の道は自分で切り拓《ひら》いてくれて、親としてこんなに嬉しいことはありません。

　わが子に授乳を拒否されたこの若い母親の場合、自分の努力が足りなかったと思い込んでがんばり過ぎてしまいました。そして自分と何週間もすごい闘いをしてしまいました。自分のやり方が悪いと思い込み、そのことで頭がいっぱいになって追い詰められてしまったのです。人間は強迫観念にかられて思い詰めてしまうと、堂々めぐりの心の回路ができてしまって、そこから抜け出せなくなってしまいます。

子供は児童精神医学の教師

私がその赤ちゃんに初めて出会ったときは、そろそろ人見知りが始まろうとする段階でした。しかし、ちょうどその一歩手前だったのが幸運でした。仮に名前を真一君とします。真一君は母親の授乳を拒否していました。私は彼に話しかけました。

「真ちゃんは偉いね。パパもママも偉いね。真ちゃんはパパとママの祈りの中でがんばれたんだよ。真ちゃんはずっとママといたかったのに、ママと切り離されてしまったんだね。でも、ママとパパはそばにいて、真ちゃんが元気に育つようにと信じて祈っていたんだよ。パパとママの祈りの中で真ちゃんは生まれたんだよ」

するとと真一君はにっこり笑い、〝そうだね〟と返事をするかのようにうなずきました。目と目が合ったのです。真一君の両親は、「この子、初対面の、しかも白衣を着ている人にこんな顔したことはないのに」と驚きました。

私が特別ではないのです。真一君は超早産の新生児として、半年ほど新生児室で親と離れて暮らしていました。そのために医師や看護師の純粋な献身に育まれて、親以外の大人からの愛情を普通の子の何百倍ももらっているのです。つまり、私が特別なのではなく、真一君は私の中にその人たちに似た響きを感じ取り、よく似た表情を見て取ったため、初対面の私と堂々と一対一で関わることができたのです。

多くの母親は、「先生、この子、白衣を怖がりますから」と言います。特に自閉症などの特別な敏感さを持つ子供の母親はよくそう言います。そのとき私は、「はい、分かりました。白衣が嫌なのね」と心を込めて言うことにしています。そして子供から視線をはずします。すると子供は、〝この人は自分の中に侵入してこない人だな〟と感じるので、初めは少し用心していても、すぐに自然体で身の回りにあるいろいろなものをいじりはじめます。そのこと自体が、〝ああ、ここは不思議に居心地のいい場所だ。白衣がどうのこうのということではない〟という子供の気持ちを語ってくれているように思えます。

自閉症の子供は、コミュニケーションが下手な分だけ、野生動物よりも鋭いくらいの直感力を持っています。ですから、自分に対する相手の思いやりが本物だと分かると、〝ああ、この人なら大丈夫だ〟という安心感を持って、こちらを見てくれます。そして目が合うのです。

また、自閉症の子供たちは行動系列が少し違うので、不意に背中を向けてあらぬほうに行ったりするのですが、私の経験から、真一君は明らかに〝先生、全然怖くないよ〟と言ってくれている感じがしました。人間は一瞬のやりとりの中に関係をつむぎだしていきます。これは人間が持っている本質的な性質で、人間の出会いの原点ではないでしょうか。そして、子供は、親は絶対だと思っています。これもまた人間が持っている基本的な性質だと思います。

このような人間の基本的な性質についての認識は、通信技術やインターネットなどの情報伝達の方法が革命的に発達した現在、意外とおろそかにされています。人間の基本的な性質にしっかりと注目していくと、見ず知らずの子供や、あるいはコミュニケーション障害で人間関係におびえている自閉症の子供たちともうまく関わっていくことができるはずです。人間は共に安心して生きられるような接点をつくることができれば、だれとでもコミュニケーションを取っていけるようになると思います。

母親の授乳を拒否した真一君は、私が本当に真一君のことを尊重して話しかけたのだと分かったとたんに、〝おばちゃんの次の動きはどうなるのかな〟と興味を示すかように、すぐに私に注目しはじめました。人間に対しててていねいな接し方を日々積み重ねていくと、初対面の子であっても、〝この子はもしかしてこういう歴史を生きてきたのかな〟というイメージがいくらでもわいてきます。つまり、児童精神医学や児童臨床の本当の意味での教師とは、実は生きた子供たちであり、その子供たちに寄り添う生きた親たちだと私は思うのです。

「きれいごと」では治らない

人間の原点は「共に生きる」ことだと思います。そして、人間どうしの瞬間の出会いが共に生きるための接点となるのだと思います。私が診てきた多くの子供たちを振り返ってみると、例えば心身症の子供の場合、私が「きれいごと」でカウンセリングを行って治った子供は一例もありません。「きれいごと」では治らないのです。

子供が自らの口で、「お母さん、嫌い」という本音を言えたとき、治っていきました。正確に言うと、「嫌い」という言葉の意味を理解しようとする母親がいることを子供が感じ取ったとき、子供は初めて「お母さん、嫌い」と言えるのです。母親が、言葉の意味を理解しようとしなければ、子供は口に出しません。〝この人に言っても分かってくれない〟と思ったら言わないのです。

子供が私を信頼してくれている場合は、「お母さんはあなたを理解しようとしているよ」と助け船を出します。私にまだ本音を打ち明ける気にならない子供の場合は、一見当たり前のようなことをていねいに扱います。「あなたは今眠そうね。顔には眠いって書いてあるよ。飽きたって書いてあるよ。そう書いてあるから口でもそう言っていいのよ」というように語りかけて、少しずつ子供の心をほぐしていきます。そして、ありのままの否定的な感情を素直に出せるようにしてあげるのです。自分の本音が出ると、すっきりするのだということが分かります。しかし、その本音が言えるようになるまでには、相当な時間がかかります。その子の脳には「本音を出すな」という禁止の行動の回路が幼いころにつくられてしまっていて、その回路を捨て去るためには新しい回路をつくらなければならないからです。

三歳児よりも幼い子なら、どのような子でも、たった今からやり直せます。十分にかわいがり直せばよいのです。自由にのびのびと動けるようにしてあげればよいのです。子宮の中で羊水遊泳をしながら、子宮壁を蹴って胎動を起こしていた時期、脳はいちばん発達していたわけですから、母親がもう一度羊水になったつもりで受けとめれば、子供は急速によくなります。子供の悪戯《いたずら》も、脳の発達に必要な探索行動です。その際、危険を取り去ればよいのです。電球のソケットに指を入れようとする子供がいたとしたら、ソケットにガムテープを貼ってふさいでしまえばいいのです。大人が子供のために心地よく安心できる温かい環境をつくり、子供が子宮壁を蹴飛ばしていたときと同じように受けとめてあげれば、三歳児までなら一週間程度で人が変わったように明るい子になると思います。五歳児となるともう少し時間がかかります。十五歳児ともなると、その子供と何年でもつき合うという覚悟が必要です。何年かかってもいいから子供の「心の芯」を温めようと覚悟をすれば、重いうつ状態、あるいはすでに幻覚妄想の状態の入り口にさしかかっていても、治ると思います。私はそのような気持ちで子供や母親たちとつき合ってきました。

きれいごとの裏にある嘘

もう一つ、私の患者さんの実体験から教えられたことを述べます。十年来の拒食症の娘に寄り添ってきた母親が次のような話をしてくれました。

この子が発病したのは十歳のときでした。あれから十年です。私は十年たってやっと分かりました。先生が繰り返し繰り返し言っていたことがやっと理解できたのです。

先生に初めて会ったとき、「あなたはどうして夫をかばうの？　娘の拒食症の責任を全部自分が背負うみたいにしているけど、そうやって必死でがんばる母親の姿を見せるから、必死すぎて幸せじゃない母親の姿を見せるから、娘さんは大人の女性になろうとしないんじゃないの？　そのことと拒食とはつながっているんじゃないの？」と先生は言いましたよね。その意味がようやく分かったんです。自分がほれ込んだ夫だから、その人を幸せにすることが自分の一つの大事な役割だと思っていたけれど、考えてみたら、その夫は横のものを縦にもしない人でした。何もしない人でした。そして何も言わない人でした。

「おまえに任せた」という言葉を好意にとっていたけれど、実は、私はその人の胸で本当に安心して眠るまでオイオイと泣いたことはなかったんです。逆に、自分のことはすべて自分で責任を背負って生きていかざるを得なかったんです。

先生は成長曲線を見て、「この子の体重も身長も本来なら三、四歳のときの上昇カーブに沿って成長するはずだったのに、五歳の時点でもう横ばいになっているね」と言いました。そして「五歳で横ばいになっているころからきっとストレスを受けたのだろう。このころからずうっと一所懸命に緊張した心の状態で生き延びてきて、そして思春期という新しい津波に遭って対応しきれなくなり、どうしようもなく病気になったのだろう。思春期の問題と思うでしょうけど、三、四歳の幼児期からもうサインがあったのよ」と言いました。

考えてみると、やっぱり私は張り切りすぎの母親でした。張り切りすぎているから、何か問題があれば自分が努力して直してきました。自分の力で直すって思いすぎていました。

これまで自分一人でやってきて、すごく達成感があって、自分は自発的になんでも賢く乗り越えられるという自負心こそ無理を誘発する原因だったのです。もっとありのままの自分でノラリクラリしていればよかったのだと思います。娘が「お母さんはバカだなあ」と笑って言えるぐらいの感じでやらなければだめだったんだと思います。

私は夫が優しくていい人だと思っていましたけれど、夫は結局、私をなんでもやってくれる母親代わりに選んだにすぎなかったのです。おかげさまで娘もずいぶんよくなったので、私は夫と本当の人間対人間、男対女として出会い直したいと思い、とことん話し合ったんです。

娘は私に自分の父親のことをはっきりこう言いました。

「あの人は本当に苦しいときに共に生きてくれない。あの人にとって家族っていったいなんなの？　私にとって家族っていうのはね、苦しいときに、自分の苦しみは自分でしか取り除けなくても、自分の痛みは自分でしか取り除けなくても、何もしてあげることができなくても、すまないねえという気持ちを持って共に生きてくれる人……。それが私の家族だわ」

娘は、あんな父親ならいないほうがいいと思っていて、それで拒食症になったのですね。夫とは別居することにしました。むしろ家庭内暴力を振るうようなやくざな夫だったほうがどんなに楽だったろうかと思います。世間から見れば社会的地位も高く、優しくいい夫に「出ていって」と言わなければならなかったときは、本当につらい思いでした。でも、そのときに娘がこう言ったんです。

「渡辺先生なら分かってくれるよ。渡辺先生はきれいごとの裏にある嘘を全部見抜くから」

夫が出ていく前日、普段は気取っている夫が、「さびしい、さびしい」と言って泣いたのです。そのとき私の迷いはきれいに消えました。

「あなたもさびしいでしょうけれど、私たちもさびしいのよ。この嘘の夫婦の関係が娘を追い詰めたことをしっかり理解し、振り返りましょうよ。もうこんな嘘の夫婦関係は娘のためにもしたくない。あなたにとっても本当の自分を取り戻すチャンスよ。そして私自身も本当の自分にならなければならないんだわ。私もつらいのよ」

私は夫にそう言いました。苦しいときに支え合う関係がどんなに豊かなことであるのかよく分かりました。それは拒食症のおかげです。拒食症は根の深い病気です。拒食症は深い孤独感をかいま見せる病気だと思います。うまく言えないけど、一見すごく満ち足りた、世間的には幸せそうな母親の中にある「人間としての孤独」を娘が見抜いてしまって陥った病気だったのです。

私は、ここまで見事に心を病む世界の本質を言い当てる母親に会ったことがありませんでした。私は彼女にこう言いました。

「そのとおりよ。だから私は自分の人生を拒食症の子供たちに捧げてもいいと思っているの。病気は醜《みにく》くて大嫌い。だけど、子供たちの奥深くにある女性の不幸を見抜く力と、本当のきずなを求める気持ちはすごいなと思うの。あなたたちに学ばなかったら、新しい治療論は打ち立てられないと思うわ」

拒食症の回復期はすさまじいものです。患者は悪魔になります。しかし、その修羅場をいっしょにくぐり抜けることでしか正真正銘の愛情は示せません。きれいごとでは子供は納得しません。

十年に及ぶ拒食症から回復したその娘さんが私のところに来たとき、「あなた、お母さんに本音を言って泣けるようになった？」と聞くと、目が少し笑いました。「なんでも言えるってすごく気持ちいいでしょう」と言うと、「うん、私はもう一人じゃない」と彼女は答えました。

「授乳論」から「愛着理論」へ

フロイトに代表されるように、第一次世界大戦前後は、精神分析学の花盛りの時期でした。フロイトという人物は、人間の心理を解明する手段として精神分析の立場を創始した人です。またフロイトは、有名な「エディプス・コンプレックス」という概念を打ち立てたことでも知られています。これは、幼児期の男の子が無意識のうちに母親に愛着を抱き、父親と母親と自分の三角関係の中で父親に敵意を抱くという概念です。

フロイトはウィーンで開業し、ナチスの台頭とともにユダヤ人として迫害を受け、一九三八年にロンドンに亡命し、翌年亡くなりました。

フロイトの理論をさらに進めたメラニー・クラインもやはりナチスの迫害を避けて亡命した人です。のちに「フロイトミュージアム」となったフロイト父娘の住居の二、三百メートル離れたところに今、「タビストッククリニック」と名づけられた研究所をつくりました。ロンドン郊外のその界隈《かいわい》は現在、世界の精神分析のメッカになっています。

クラインは「授乳説」という考え方を打ち出した人です。赤ちゃんが生まれて初めてなつくもの、「これだ」と思ってつかまえるものはおっぱいです。だからおっぱいこそが子供の最初のきずなだと主張したのです。授乳説には説得力があり、ジョン・ボルビーの「愛着理論」に取って代わられるまでは子供の精神分析の支配的な説でした。

ボルビーはタビストッククリニックの家庭児童部門の部長でしたが、ソーシャル・ワーカーたちの非行少年らへの取り組みにこそ精神医学の真実があると考えて、精神分析の偉い学者たちに近づくよりも児童相談所などに出入りし、また犯罪の現場などに行っている人たちと親しくつき合っていました。そういう人たちを介して、四十四人の非行少年の生い立ちを丹念に調査したところ、その子供たちは例外なく幼児期、だいたい六歳ぐらいまでの間に親に捨てられていたことが明らかになりました。そこでボルビーは、親に捨てられるという体験、親から離れるという分離体験は、思春期に子供の行動系をゆがませるという説を打ち出しました。これが「愛着理論」の出発点です。

次に、ボルビーは動物の生態行動学の研究者たちの仲間に入りました。そしてサル親子の研究を行いました。その結果、動物の赤ちゃんは守られているということを発見しました。野生動物の赤ちゃんは、親に嫌われたら最後、もう生きてはいけません。親が見放したとたん、ほかの動物の餌食《えじき》になってしまいます。親は常に赤ちゃんに目を配っています。赤ちゃんも常に親を信じてくっついています。ボルビーは親に守られていなければ子供は生きていけないという自然界の掟《おきて》のようなものを発見したのです。

動物生態行動学者ローレンツが、ダチョウ、ガチョウ、アヒルなどのひなは孵化《ふか》した瞬間、初めて目に映った動くものに愛着を示してついていくという研究の成果を明らかにしたのもこのころです。

いのちというものは、自力では生きられない無力な期間を生き延びるためのサバイバルのメカニズムを生まれつき持っています。脳の中に備わって生まれてきたそのメカニズムがうまく作動した生き物だけが生き延び、絶滅を免れるという非常に厳しい掟があります。

ボルビーが幼児期における分離と愛着の問題を出したとき、真っ先にこれを批判したのは、実はタビストッククリニックの精神分析学者たちで、ボルビーは仲間はずれになりました。私はタビストッククリニックで学んでいたときに、ボルビーの姪のジュリエット・ホプキンズさんから赤裸々な話を聞きました。そして、精神分析学を学びながらもそのような身内をも仲間はずれにする狭さを持つのが人であることを思い、怖さを感じました。

ボルビーはソーシャル・ワーカーや小児科医に自分の説を紹介しました。すると小児科医らは、「三歳までの子供は親といっしょにいることが大切」と賛同し、母親の付き添いや担当保母の制度を導入し、ボルビーの理論は乳児院や小児病棟に大変革を起こしました。現在、愛着理論は世界的に定着していて、それは、「人間は自分の不安な気持ちを保証してくれて、不安を取り除いてくれる人に信頼を向ける」という説です。

母親は胎内のわが子を思うものですが、それだけで完全に子供の信頼を獲得できるわけではありません。妊娠中の性ホルモンの分泌状態などの体調や、また夫や家族関係や日常の出来事により、赤ちゃんとの愛着形成が左右されます。さまざまな条件の中で子供は信頼を寄せる相手を選ぶわけですが、必ずしも生みの親だけが絶対ではないということが明らかにされたのです。愛着理論によって、母親絶対論とか、授乳論というようなものは消えていきました。

泣けることを大切にせよ

子供の心の研究で明らかにされたことの中で、私が特に強調したいのは、不安なときにその不安を率直に表現できる関係があると、トラウマにならないということです。「嫌だ」「こわい」と不安を声に出せる子供の心の中には、ストレスがたまらないのです。

「ママが出かけている間、お留守番をしていてね」と母親から言われて、おとなしく「はい」と答えて泣かなかった一歳児の血液や唾液を調べるとストレスホルモンが上昇していました。逆に「行っちゃいやだ」と泣きわめいた子供は数値がゼロです。

これは大変な発見ですが、簡単なこととも言えます。心を病む子には思いきり泣かせてやろうということです。ところが、泣くことはそう簡単なことではありません。児童精神科の臨床現場では、心を病む子が安心して心から泣けるようになるまでに五年、十年という年月がかかるのです。拒食症や不登校、あるいは重い心身症の子たちも、人目をはばからずに泣くことができるようになれば治っていきます。しかし、そのようになるまで多くの子は何回も入退院を繰り返すのです。泣けない子供の脳の中には「泣くな」という我慢の神経回路が幼児期の親子関係の中でつくりあげられていると考えられるのです。

最新の研究では、それをつかさどっているのは右脳らしいということが分かってきました。赤ちゃんは、右脳が発達する過程で、自分が泣くと母親の表情が変化することに気づきます。感受性の強い子ほど、母親の表情の変化や母親の瞳の奥から、感情の変化を敏感にとらえます。自分が泣くと母親が困った顔をする、自分が泣くと母親が目をそらしていやな顔をする。そういうことが分かってしまった子は、母親に嫌われたくない一心で我慢して泣かないようになってしまいます。

聞き分けのいいおりこうさんは、実は母親に嫌われては大変と思って、おびえているため本音が出せないことが多いのです。それを母親の育児上手と勘違いしてはならないのです。

親子の愛着関係の三つの類型

安定型愛着、回避型愛着、混乱型愛着と言われる三つの親子の愛着関係の型について述べます。

生後間もなくから約一年間、三組の親子をビデオで追い、母親と赤ちゃんの表情を観察した実験があります。

安定型愛着の親子関係では、母親と赤ちゃんは信頼し合っています。母親が幸せな気持ちを笑顔や語りかけで表現すると、赤ちゃんの手足が動きます。顔の表情だけでなく、手や足の動きでも母親への信頼を語っています。

一年後、次のような実験を行いました。一つの部屋に、見知らぬ人といっしょに入ってもらい、三分間だけ母親が室外に出ていくという別離実験です。すると、赤ちゃんは泣き出します。でも、母親が戻ってきて抱っこをすると赤ちゃんはとたんに泣きやみます。泣きやんだので赤ちゃんを降ろしておもちゃで遊ばせようとすると、また泣き出します。たった三分間ですが、母親から引き離された悲しみや怒りがまだ残っていて泣くのです。母親が再び赤ちゃんを抱くと、赤ちゃんは自分の気持ちを母親に分かってもらえたので、すぐにまた泣きやみます。泣き声のトーンに意味や主張があります。母親といっしょなら安心し、母親が安全基地としての役割を十分に果たしています。

では、回避型愛着の親子関係はどのようなものでしょうか。このビデオの親子では母親と赤ちゃんは向き合っています。母親は指で赤ちゃんをコチョコチョとくすぐってあやしています。しかし、赤ちゃんの目は母親を見ていません。母親が「こっちを見てちょうだい」と言っても見ません。次第に母親の声が、「こっちを向きなさい」ときつくなります。ビデオカメラで撮影しているために、母親としてのメンツが立たないと思うのか、母親は強がっています。「こっちを向け」という強い口調になり、侵入的になってしまいます。赤ちゃんは、見えない緊張、見えない圧迫、見えない侵入を感じています。

三分間の別離実験では、母親が戻ってくると声を上げて母親を見ますが、すぐに目を伏せてしまいます。くるりと背を向けておもちゃのほうに行ってしまいます。母親を無視し、拒否しているかのようです。

混乱型愛着の親子関係では、母親が快活なときは赤ちゃんも楽しそうです。しかし、この母親は赤ちゃんを無視したり、赤ちゃんをからかったりもします。母親にじらされている赤ちゃんの目は笑ってはいません。意地悪をされていることが分かっている目です。こういうことを平気でやってしまうのは、母親自身がこういう育てられ方をしてたのかもしれません。何か月かたつと、この赤ちゃんは目を伏せてしまうようになります。この子は、でもまだ打たれ強い子で、〝母親に合わせておけばいいのだ〟〝分かっているふりをしていればいいのだ〟という態度をとります。

三分間の別離実験では、母親が戻ってきても赤ちゃんは立ち上がって母親のそばに行こうとはしません。おもちゃをいじっていますが、遊びにも集中していません。母親とおもちゃのどちらにも関心を示さず奇妙な声を出してボーッと母親を見ているだけです。長い間連絡が取れなかった恋人が急に目の前に現れたときのように気が動転していて、混乱状態なのです。一歳にしてすでに、母親の機嫌がいいと優しいけれど、機嫌が悪いとすごく怖くなるというような一貫しない混乱した母親像が記憶系に入ってしまっているので、どのようにしたらよいのか分からないのです。

心地よさが脳を発達させる

自然は私たちに羊水と子宮を与えてくれました。私たちは胎内で羊水感覚・子宮感覚を体験しています。羊水と子宮は一日二十四時間胎児に寄り添い、胎児がどんなに蹴飛ばしても、「よくもやったな」と怒ったりはしません。

私がこのことに気づいたのはつい最近です。息子が十二歳のころに気づいていれば、「ああ、私は羊水になればいいんだ」と思えたのでしょうが、それに気づかなかったばかりに当時は息子とバトルの連続でした。

胎児は羊水と子宮に守られて、胎生期十二週目には六センチくらいに成長し、自分で両手を合わせたり指しゃぶりをしたりしはじめます。十六週目にはおよそすべての身体器官が形成され、へその緒で子宮壁にしっかりと結びつけられているので安心して心地よく羊水遊泳を楽しんでいます。このような心地よさが脳を発達させるのです。ですから楽しいことは大切です。生きていることが楽しくなければ脳は発達しません。

生後二、三か月の赤ちゃんを観察してみましょう。赤ちゃんは母親のおっぱいを飲んでいますが、すでに一人の人間として母親の瞳をジーッと見つめています。赤ちゃんの瞳の中にある母親の姿は人間像の原型ですが、それだけではありません。母親がにっこり笑って自分を見つめているのは自分がかわいいからだ、母親をにっこりさせているのは自分だという自己像まで見ているのです。瞳と瞳の関係は極めて意味の深いものなのです。

人は何歳になってもやり直せる

最近は心理学や精神医学に関して、一般用に書かれた本と研究者のために書かれた教科書の内容はおよそ一致してきていますから、一般の人々が知っていることと専門家と呼ばれる人たちが知っていることとはあまり差がなくなってきています。これからは、もう情報を集めるのでなく、親である私たちは新しい所見と古くから伝えられてきた知恵で、もう一段階上の自分独自の複雑な高次機能の発想ができる人間になることを考えなければいけません。そういう発想ができるためには、世間の常識の逆を生きることも必要です。

私事で恐縮ですが、私はたまたまそれを行ってきました。私が医学部に進学すると言ったとき、父は猛反対しました。父は新聞記者だったのですが、「やめなさい、うちから医者なんて。そんなけったいな女の子はいらないよ。おまえ、知らないのか。医者は腐ってるんだぞ。医者は製薬会社からワイロをもらって腐ってるんだぞ。そんな腐っているところにうちの娘を入れられるもんか」と言って反対したのです。

父の願いは、ピアノを習っていた私を、音楽学校に行かせて音楽教師にすることでした。そのとき、母親が「私だってあなたと結婚していなかったら数学者になっていたわよ」と声を上げたのです。「男の沽券《こけん》に関わる」と言って断固反対する父と、この機会に初めて自分の本音を夫にぶつけた母とで、喧嘩になりました。母は泣き出して、「女はいつも我慢しているけれど、本当は女のほうが賢い」というようなことを言いました。気丈で几《き》帳面《ちょうめん》で明るい母のこのような姿を見るのは、生まれて初めてのことでした。

過日、私は学会に参加するためにオーストラリアのメルボルンにいました。会場はメルボルン大学のハイスクールでした。タクシーに乗って行き先を告げると、「何をしに行くのか」と運転手が尋ねるので、「インファント・メンタルヘルスという学会があるから」と答えました。

するとその運転手は、「要するに、産後うつだね」と言ったのです。そして、「産後うつは、夫が妻に無関心だからいけない。そもそもすべては乳児期だ。自分はそのことに気がつかなかったため、十五歳で同じ学年を三回留年するはめになり、父親に『ろくでなしだ』と言われても反発することができなかった。父親が言うことは世の中が言うこと、すべての人が思うことだと信じて、自分はろくでなしだと思い込み、そこからどんどん転落していった。一年間に十三回も転職したこともある。だけれど五年前に、〝待てよ、問題は父親が不安定な人だったことにあるんじゃないか〟と気がついたんだ」と話しました。

私は唖然《あぜん》としました。タクシーの運転手である中年のオーストラリア人男性の口から、こういう話を聞こうとは思ってもみませんでした。彼の話によれば、父親は医者で、軍医として従軍し、生き残って帰ってきたことに激しい屈辱を感じていたということでした。戦場で死ねば英雄になれたのに、不運にも生還して、ぶざまな自分へのイライラを息子にぶつけたようです。

その運転手には三人の姉がいて、四番目に初めて男の子を授かったために、母親は大喜びで彼をかわいがりました。それがまた父親の嫉妬《しっと》をかい、死ぬほどの暴力を振るわれることもたびたびだったようでした。心身ともに虐待されながらも、母親が優しかったおかげで生き延びてこられたといいます。そして最後には、父親のさびしさ、みじめさにも思いが至るようになったと述懐していました。

「おれは今、五十三歳だ。やっとこれから人生が始まる」という彼の言葉には感動させられました。五十三歳まで生き延びて自己理解をした人を目の当たりにして、〝人間はすごい、何歳になってもやり直せるのだ〟と思いました。

母親は母親であることだけで偉い

アメリカやイギリスでは、「ペドフィリア（幼児性愛症候群）」、つまり幼児性愛の変態者から子供を守ることを主目的として、子供を一人でおいておくことを禁じる法律がありま す。十二歳以下の子供を一人で留守番をさせると、罰金が科せられます。

日本では何かにつけて、「過保護だ。過干渉だ」という声が返ってきます。しかし、そういう非難は本当に親がわが子を守ろうとしている親心をつぶしかねないおそれがあります。親も社会も、過保護や過干渉という言葉を軽々しく使うのはもうやめにしなければならないと私は考えています。

母親が幸福感をもって子供を育て、子供も母親との楽しいふれあいが嬉しいという関係で育児が行われないと、子供の脳にはストレスがたまってしまいます。母親が自分といて幸せでないと子供に自信がつかないのです。また、母親がふさぎこんでいたりすると、子供は自分が悪いからだと思ってしまうものです。子供を幸せにしたいならば、まず母親が幸せでなければなりません。みんなで母親を褒めて母親をハッピーにしなければなりません。

実際のところ、どんな母親でも、母親であるという事実だけで褒めてもらう資格があります。痛みを耐え抜いて子供を産んだのですから当然です。男性には分からないでしょうが、私は今でも覚えています。二十九年前の長男の出産は、長時間にわたる難産でした。そして夜も寝ずに授乳しました。そんなことを思い起こすと、母親は母親であるということだけで偉いと思います。

若い女性は子供を産むことによって、どれだけの制約を受けることになるのかを知っています。アメリカでは代理出産がビジネスになっているくらいです。それは工業化社会や商業主義社会が、私たちの中にあるいちばん尊い体験を奪ってしまったということなのです。

出産は痛いし、子供を育てるのはめんどうくさいという風潮があります。しかし、子供を産み育てることによって、自分の中に自分も知らなかった自分を発見できるのです。自分の中にものすごく強い自分やものすごく弱い自分がいたりすることを発見できる、その発見こそ人生の醍醐味《だいごみ》です。

第四章　遺伝学研究に見る脳の発達と子育て

福田　一郎

福田《ふくだ》 一郎《いちろう》

北海道大学大学院理学研究科博士課程修了。理学博士。カリフォルニア大学（バークレイ）ポスト・ドクトラル課程修了。カナダ・マギル大学、アメリカ・ローズ大学客員教授を経て、現在、東京女子大学名誉教授。親学会会長。

はじめに

人間の体は、遺伝子によってつくられているということは周知の事実です。しかし、普段の生活の中で遺伝子を意識して生活することは、ほとんどないと言えるでしょう。ましてや日々の子育てにおいて、遺伝子ということを考えることは皆無と言ってよいでしょう。しかし、私たち一人ひとりは、例外なく親の遺伝子を受け継いでいて、私たちの子供は、私たちの遺伝子を受け継ぐのです。遺伝子によって、細胞がつくられて、体がつくられていることは間違いないことです。

私は、遺伝学を専攻しているので、大きな意味で人間のいのちが伝えている遺伝のメカニズムと、遺伝学から見た子育てのうえで、親として心がける必要なポイントについて述べたいと思います。

赤ちゃん誕生の意味――私たちの生命の本質を遺伝子から考える

自分の子供が誕生することは、ある意味で自分の分身ができるということで、たいへん嬉しい出来事であるとともに、果たしてその赤ちゃんが正しく育ってくれるかどうか不安を感じることでもあります。

私は長男が生まれるとき、妻に付き添って病院まで行ったのですが、夜になってもなかなか生まれず、看護師さんから「もうお引きとりください」と言われて家に帰りました。帰宅してから、果たして無事に生まれてくるだろうかという不安な、そわそわした気持ちで夜を過ごしました。翌日の明け方に電話が鳴り、看護師さんから「無事に生まれました」と告げられました。そのころ、大学で「人間の遺伝」の講義を担当していて、染色体異常のことを教えていましたので、思わず看護師さんに、「赤ちゃんの手の指はちゃんと五本ありますか」と問いただし、「大丈夫、五本ですよ」と言われて、ほっと安堵した体験を持っています。

このように、生まれてくるわが子のことを案じ祈る気持ちは、親になる者がみな経験するものと思いますが、特に母親になる女性にとっては親子のきずなを実感するとともに、それぞれにもっと深い思いがあると思います。

赤ちゃんの誕生には、深い大きな意味があると思います。それを考えるにあたり、一編の詩を紹介しましょう。

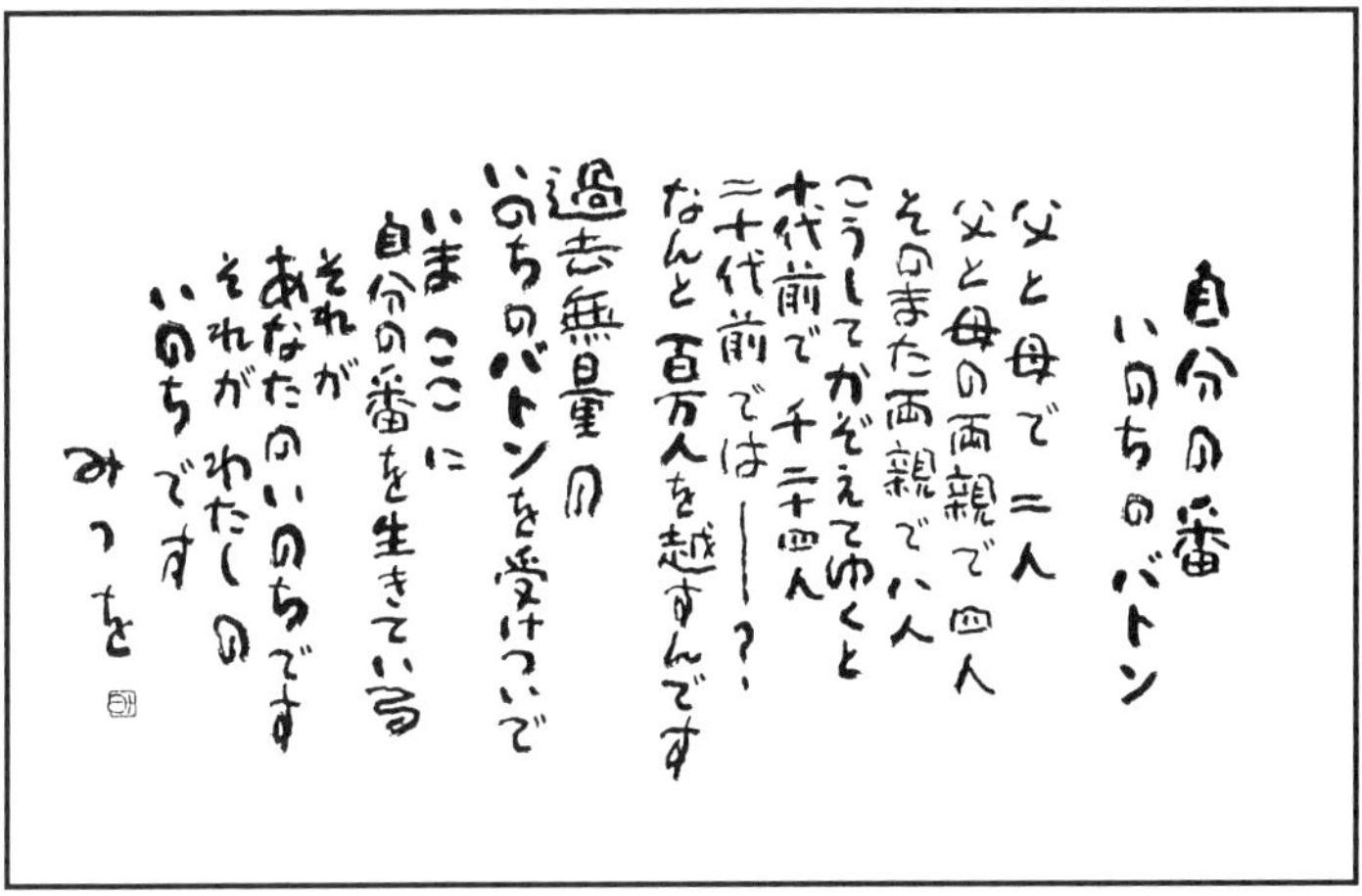

図１　相田みつをさんご自身が書かれた詩

相田みつを著『しあわせはいつも』（文化出版局刊）より　　

「自分の番　いのちのバトン」

父と母で二人
父と母の両親で四人
そのまた両親で八人
こうしてかぞえてゆくと
十代前で　千二十四人
二十代前では――？
なんと百万人を越すんです

過去無量の
いのちのバトンを受けついで
いま「ここ」に
自分の番を生きている
それが
あなたのいのちです
それがわたしの
いのちです

みつを

相田みつをさんのこの詩は、いのちは自分だけのものではなく、また、父や母のものでもなく、もっとさかのぼって考えるという視点で読まれています。この視点こそが、いのちの大切な意味を私たちに気づかせてくれます。

地球上に最初の生命が現れてからおよそ三十五億年の年月を経たと考えられていますが、私たち人間が持っているＤＮＡ、つまり遺伝子[(1)]は、その生命の誕生以来一度も途切れることなく、継続してつながっています。私たちはその遺伝子を父親・母親から受け継ぎ、それを次の世代である赤ちゃんへ伝えるという、人類の進化の一翼を担っています。

このことを、遺伝学を専攻している者の立場からいうと、私たちは遺伝子を徒競走リレーのバトンのように受け継ぎ、その結果、今ここに人間として生きているのだということになります。まずこのことを確認しておきたいと思います。

遺伝子の特徴

最初に、遺伝子というものを簡単に説明しましょう。

遺伝子とは、ドイツ語で「ゲン（Gen）」、英語で「ジーン（gene）」といいます。二重螺《ら》旋《せん》のひも状の物質で、リン酸と糖、塩基からなるディオキシリボ核酸（deoxyribonucleic

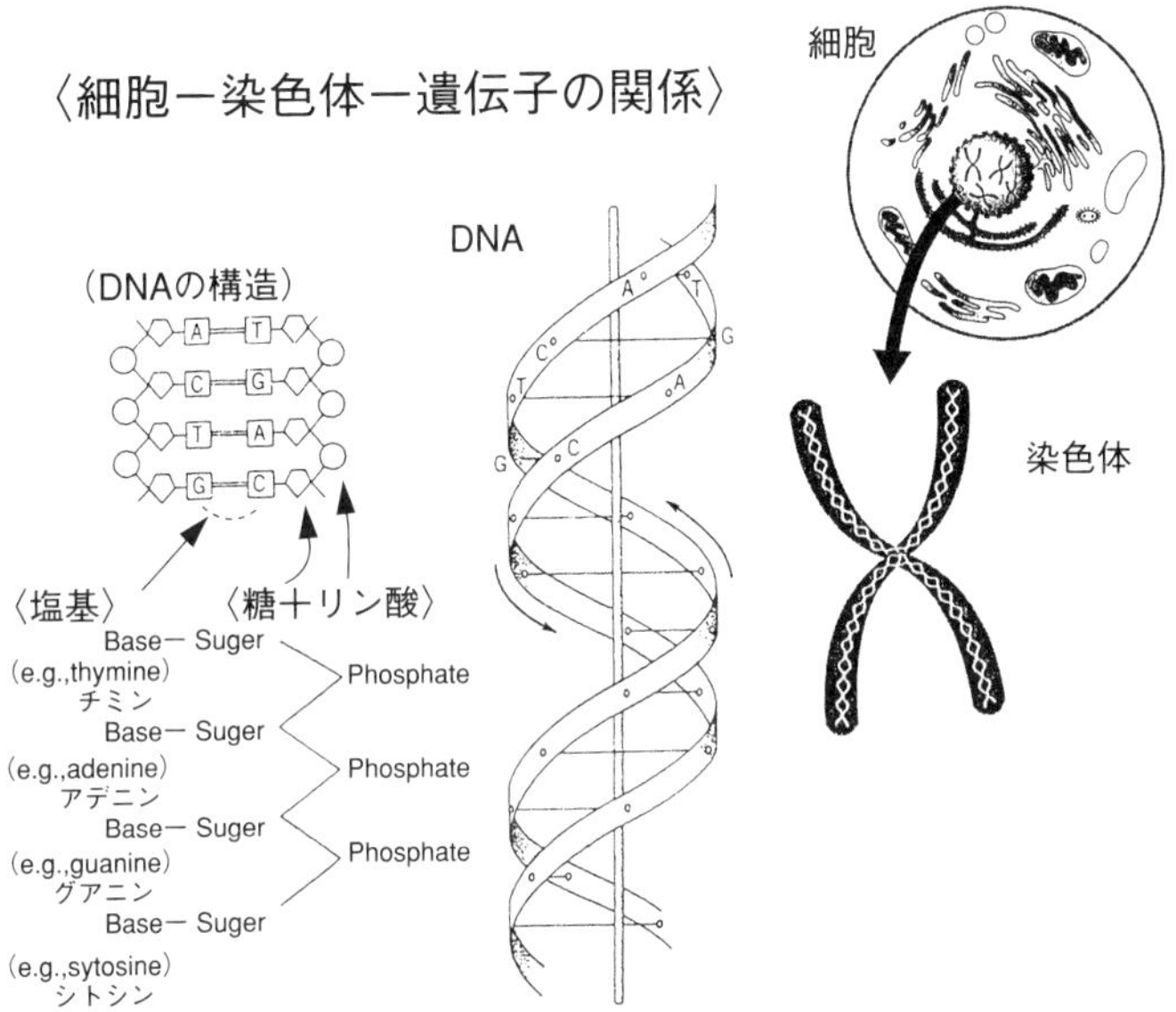

図2　細胞—染色体—遺伝子の関係を表した図。細胞のなかに染色体があり、染色体のなかに遺伝子 DNA がある。

acid）の分子から構成されているため、略してＤＮＡと呼ばれています（図２）。

人間の体は約六十兆もの細胞からできていますが、小さな細胞が集まって細胞群をつくり、その同じ細胞群が集まって組織（器官）をつくります。その際、一つ一つの細胞は遺伝子の命令によって、それぞれの働きをする細胞に変容していきます。例えば、手の細胞になったり、脳の細胞になったり、心臓の細胞になったりしながら、私たちの体がつくられ生命を維持しています。すべてが遺伝子の命令（遺伝子で伝わる情報）によって、動いているのです。言い換えると、遺伝子とは、生命の大もとであり基本的なものであると言えます。

六十兆ある細胞のすべてに遺伝子は入っていますが、どのような形で入っているかというと、遺伝子は細胞核の中にある染色体にまとめられて入っています。染色体は、遺伝子を入れてあるソーセージのような袋で、これが親から子へと伝えられて遺伝子の継承が行われます。ヒトの場合、染色体は全部で四十六個あります。四十六個の染色体からなるというのが人間の特徴です（図3）。遺伝学上ヒトに近いとされるチンパンジーの染色体の数は四十八個です。

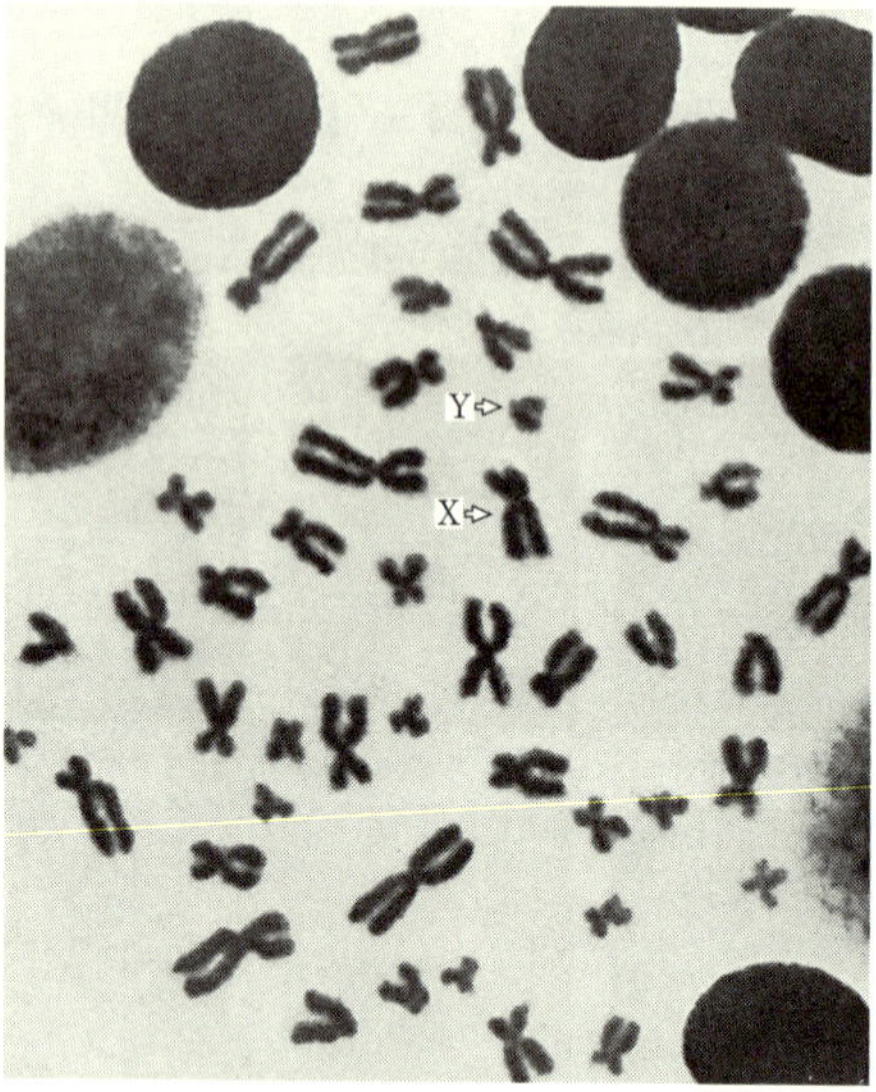

図3　人間がもっている46個の染色体。この試料はX、Y染色体（矢印）を有し、男性である。（福田一郎他著『人間生物学─生命と環境』より引用）。

四十六個のヒトの染色体のうち、二十二対、四十四個の染色体は、男性・女性がともに保有する「常染色体」で、残り一対の二個は、性別を決定する「性染色体」です。その性染色体がＸＹの場合、男性となり、ＸＸの場合は女性になります。これらは新しい生命を生み出す際に、卵子・精子になりますが、ちょうど半分の二十二個の常染色体と一個の性染色体になり、それが結合して赤ちゃんが誕生します（図４）。

親から子へ伝えられる染色体による遺伝子情報の一組を、ドイツ語で「ゲノム（Genom）」英語では「ジェノム（genome）」といいます。赤ちゃんの遺伝子は、父親からきた一組のゲノムと母親からきた一組のゲノム、計二組のゲノムで構成されています。

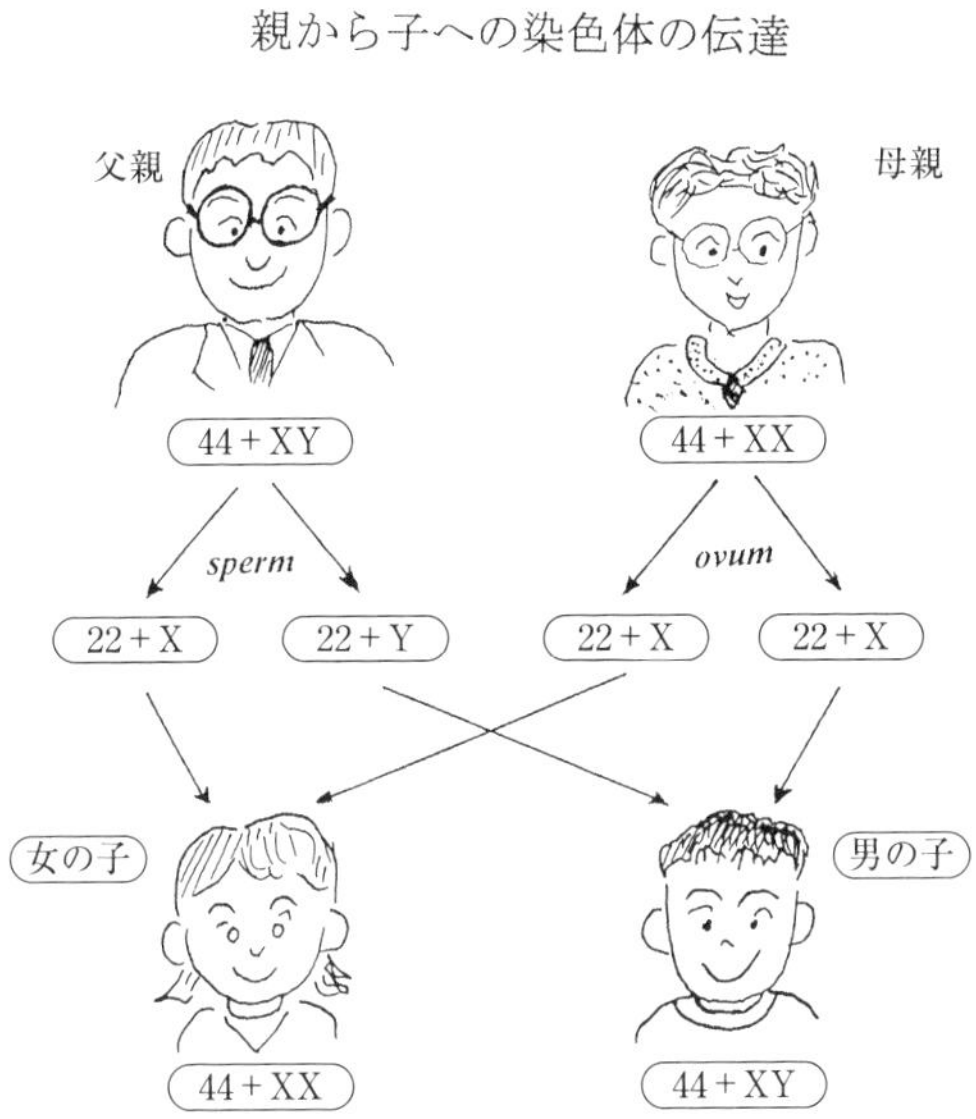

図４　父親（44 個の常染色体＋XY 性染色体）そして母親（44 個の常染色体＋XX 性染色体）から、女の子（44＋XX）、男の子（44＋XY）が生まれる（福田原図）。

遺伝子とタンパク質

遺伝子は一九五三年に、ジェームズ・ワトソン[2]とフランシス・クリック[3]という二人の研究者によって、その構造が解明されました。その後の研究で、DNAは物質的に非常に安定していることが分かっています。簡単には変質しない物質で、人間をはじめ生物の遺伝情報はDNAで伝えられています。

前述したように、DNAの命令で個々の細胞はいろいろな器官の細胞に分かれていくわけですが、それらの細胞はタンパク質によって造り変えられます。タンパク質は変質しやすい物質です。髪の毛、眼球、皮膚など、私たちの体の細胞はすべてタンパク質からできています。骨はカルシウムではないかと思われるかもしれませんが、骨もコラーゲンと呼ばれる枠組みの中にカルシウムを取り込んで組み立てられています。他の部位よりも固いのですが、コラーゲンもタンパク質です。ですからタンパク質が体をつくっていると言えるのです。細胞は変質しにくいDNAで大切な遺伝情報を伝え、変質しやすいタンパク質で細胞をつくっているのです。まさに、生命の構造の妙味と言えます。

遺伝子の働きの重要な役目は、自分のDNAと同じ型のRNA（リボ核酸）を生成し、そのRNAを使って、細胞内に取り入れたアミノ酸からタンパク質を合成していくことです。つまり、手の遺伝子は手の細胞を、脳の遺伝子は脳の細胞を、心臓の遺伝子は心臓の細胞をというぐあいに、それぞれに異なる器官の細胞を構築していきます。

このようにヒトの体は遺伝子の指図によって、つまり遺伝子が設計図をつくって、その設計図どおりに動いて体の部品が出来上がるという仕組みになっています。親から子への遺伝では、この設計図をつくるＤＮＡが受け継がれるので、子が親に似てくるということになります。

親として気をつけたいこと

次に、最近の遺伝子と染色体の研究で明らかになった事実から、赤ちゃん誕生の意味を考えてみましょう。

その第一は、赤ちゃんの誕生には父親・母親の遺伝子が関わり合っていて、どちらか一方だけでは、新しい生命がうまく成育できないということです。具体的にいうと、父親由来のゲノムあるいは母親由来のゲノムしか持たない胚（受精直後の卵細胞）は成長しないことが分かってきました。このことは、ヒトでは単為生殖は不可能であり、また最近話題になってきたクローンも人間では無理があることを示しています。結局、ヒトの生命誕生の最初の出発点から、父親・母親の遺伝子の「競争と協力」という調整作用が働いて、よりダイナミックに新しい生命を創り上げてきたと考えられます。ここに生命の神秘の根源があります。

そして大事なことは、染色体は同じものが二本ずつあるということです。一つは父親のゲノムから、一つは母親のゲノムからというように構成されています。つまり、二本あるうちの一本は父親からきていて、もう一本は母親からきていっしょになるという仕組みがずっと続いているのです。私たち人間は、父親と母親の遺伝子が必ずいっしょに入ってきているのです。赤ちゃんは、父親あっての赤ちゃんであり、母親あっての赤ちゃんなのです。これは厳然たる事実です。

また、子供は自分と全く同じではありません。子供への遺伝は、染色体の組み合わせで決まり、その染色体の背景には、父親と母親それぞれの遺伝子があるのです。コムギの遺伝学研究で活躍された木原均博士は「地球の歴史は地層に刻まれており、生命の歴史は染色体に記録されている」という含蓄ある言葉を書き残されています。

自らの遺伝について考えることは、まさに人類の歩んできた進化の歴史の研究であり、大きな流れの中に私たちがいるということを自覚する一助であるように思います。そのような意味で自分に最も身近なところですが、子供は父親と母親の染色体の組み合わせでつくられているということがたいへん重要な意味を持ってきます。このことを十分に考えながら、自分と全く同じものが子供に伝わっているのではなく、母親との関係と父親との関係の両面、つまりその組み合わせでできていることを理解しなければならないと思います。

第二番目は、先に遺伝子が働いてタンパク質で体をつくると述べましたが、この事実と母親の胎内で赤ちゃんが発育していくプロセスを照合してみますと、注意しなければならない大事なことがあります。それは、受精卵が分裂し、遺伝子に従ってタンパク質がつくられる初期段階、つまり、赤ちゃんの脳や手足などの体が形成される時期は、極めて微妙で外界の影響を受けやすいということです。

受胎後三週間で胎児の心臓、そして神経系統の基本ができ、四週間で目や足、五週間で腕がつくられ、六週間で歯や耳がつくられはじめます。耳は八週間後に完成しますので、受胎後二か月ぐらいから、母親の胎内で音を聞いているわけです。この時期を胎芽期といいますが、この胎芽期の大切な課題は母親の健康管理です。

母体は妊娠に伴ってつわりを起こしたり、普通でない状態になるのですが、この時期の赤ちゃんは、遺伝子の命令で一所懸命に体のいろいろな部位をつくっている時期です。この時期、体にX線を当てたり、薬を不必要に飲むのは極力避けなければなりません。昭和三十年代中頃、サリドマイド事件が起こりました。妊娠している母親が精神的に興奮して眠れないために、そのころ新しく開発された睡眠薬のサリドマイド剤を服用しました。ちょうど赤ちゃんの腕が形成される時期だったので、薬が胎児の手の発達に影響を与え、障害が残るという事件が起きてしまいました。

最近、このようなことは広く知られているので、子供をもうけたい、または妊娠している可能性がある場合、レントゲン検査や薬の服用などに注意を払うようになってきています。薬だけでなく、喫煙や多くの飲酒なども胎児にあまりよくないことが分かってきています。

とにかく親が一所懸命に子供を育てるような気持ちで日常行動しないと、うまくいくこともうまくいきません。親にそのような気持ちがないと、遺伝子がきちんと命令をして体の各部位をつくろうとしても、さまざまな問題を起こすことがあるのです。

第三番目は染色体異常に関することです。染色体異常は日本における乳幼児死亡の第一位になっていますが、乳幼児だけでなく成人になってからも大きな社会問題となっています（表1）。

その中で一例を挙げると、最も発生率が高いのがダウン症候群(Down syndrome)です。ダウン症候群は、染色体が通常四十六個のところ、一本多い四十七個で生まれることが原因であると分かっています。

〈〈染色体異常研究のまとめ〉〉

［Walzer, S. ら欧米日対象 59､492 資料］

ダウン症候群	1.26
トリプル X 症候群	1.18
XYY 核型	1.10
クラインフィルター症候群	1.07
その他　性染色体	0.46
ターナー症候群	0.39
パトウ症候群	0.12
エドワード症候群	0.05
その他　常染色体	0.02
計　（1000 人新生児）	5.65
（日本の新生児［年間 120 万人］	6,780 人）

表１　染色体異常がどの位の頻度で起こっているか（日本、アメリカ、ヨーロッパで行われた調査資料）。

この一本多い染色体は第二十一番目の小さい染色体です。この染色体には酵素をつくる遺伝子が幾種類も入っていて、たくさんの酵素が製造され、体全体の代謝機能を阻害し病因を起こしてくると考えられています。原因となるのは一本多い染色体ですが、特に遺伝に関しては、赤ちゃんに問題があるのではなく、親に責任があり、それも母親だけでなく父親も関係していることが判明してきました。遺伝の仕組みは、本質的に受精したときにはすでに完了していますから、受精以前の環境に注意する必要があります。具体的にダウン症候群に関しては、結婚をあまり遅くしないこと、特に母体の健康管理が必要であると指摘されています。

このダウン症候群をトップに、性染色体Xが三つ現れる「トリプルX染色体症候群」、性染色体がXXYとなる「クラインフェルター症候群」と続き、染色体異常すべてを合わせると、欧米と日本を対象にした調査では、出生した新生児千人のうち、合計五・六五人の割合で発生しています。この数字を最近の日本全体の年間出生児数百二十万人に当てはめると、実に毎年六七八〇人が何らかの障害をもって生まれてくると言えます。

染色体異常をまとめると、概して小さい染色体や性染色体で問題が多く起こっています。特に、性染色体についてみると、遺伝学上、性というメカニズムが進化過程の比較的後で発生していることが分かっていますが、そうした事実に起因していると考えられます。つまり、長い生物進化の歴史から見れば性染色体は新しいために、他の染色体に比べて不安定なのかもしれません。結局、染色体異常を防ぐ手立てとしていちばん手っ取り早い方法は、父親と母親の結婚があまり遅くならないように、いわゆる性的機能が完全に働いている時期に子供を産むということです。しかし以前に比べて、晩婚化が進む現在では、「早く結婚しなさい」と叫んでも難しい状況にありますから、できる限り父親、母親となる人が正しい健康管理を行い、精子、卵子をつくる細胞分裂が順調に進行するように気をつけていきたいものです。

染色体異常に関しては、胎内の羊水や血液を検査することで、胎児の異常を判定できる出生前診断といった方法もありますが、できれば受精前に防止したいものです。出生前診断には、社会的な問題が絡んでいます。仮に出生前診断で染色体異常が見つかった場合、子供を産む判断をどのようにすればいいのでしょうか。生命の尊厳性という視点と、誕生後のリスクや苦労をどのように乗り越えるのかといった課題があります。簡単に判断できない、大きな社会的問題です。

大切なことは、親になる者の健康管理、よりよい状態で遺伝子を次代へと受け渡すという「親になること」への意識づけが必要ということです。

人類進化の大きな流れの中で遺伝を考える

ワトソンとクリックがＤＮＡの二重螺旋構造を発見してからちょうど五十年目に当たる二〇〇三年四月十四日、ようやく人間の遺伝子構造（いわゆるヒトゲノム）の全貌が分かったと発表されました。そのＤＮＡの数は、三万二千六百個ということでした。まだ少し不明な部分がありますが、各遺伝子の配列のおおかたの解析が終了しています。それが分かったあとに驚いたことは、人間とチンパンジーのＤＮＡは、全体で一・二三％しか違わないということでした。現在、研究が進められている途中ですが、人種によっても遺伝子の数が違わないことも分かってきました。モンゴロイド(4)、ニグロイド(5)、コーカソイド(6)、オーストラロイド(7)など、肌や髪の色、顔の骨格が微妙に違っている人種においても、遺伝子は同じであるということです。染色体が違わないということは以前から分かっていましたが、最近の遺伝子の分析から、ＤＮＡの数が違わないということが分かってきました。そして、これはまだ研究が進行中ですが、個々人の遺伝子構造の違いは一〇〇〇分の一％（一万分の一）くらいではないかということも分かってきました。

さらに、もう一つはっきりしてきたことは、実際の遺伝に関与しているＤＮＡは、全体のわずか二％ということです。残りの九八％はジャンクＤＮＡと呼ばれ、いろいろな形質をつくるタンパク質の合成に参画しますが、遺伝に携わる機能は働いていないということが分かってきました。

これらの驚くべき事実が、最新の遺伝子研究によって明らかになってきました。このような事実を人類の歴史という大きな流れの中でとらえることで、現代に生きている私たちの存在がいかに稀有な存在であるかが分かってきます。

本章の冒頭で紹介した詩の中で相田みつをさんがおっしゃるように、自分という存在をずっとさかのぼっていくと、人類の祖先は、今からおよそ六百万年前、アフリカで誕生しました。アフリカ大陸の赤道直下にチャド・ハイランドという高原があります。ここで人類の祖先であるチャド人が、六百万年前にチンパンジーやゴリラなどの祖先から分かれて、私たち人類の祖先として登場してきました。学名を、サヘラントロプス・チャデンシス（*Sahelanthropus tchadensis*）といいます。

その後、四百五十万年前ごろになると、私たちが学生のころ一度は聞いたことがあるアウーストラロピテクス[8]（*Australopithecus*）という猿人がエチオピア・ハイランドに出てきます。さらに、百八十万年前になると原人といわれている、現在の人類の大もと、ホモ・エレクトス（*Homo erectus*）へと進化していきます。

人類六百万年の歴史の中で注目すべきことは、六百万年前から四百万年もの間、人類はアフリカ大陸から一歩も出なかったということです。二百万年前になって初めてアフリカ大陸から出ていったのです。

これについてはいろいろな推察がありますが、二百万年前になって、地球全体が氷河期に突入したことが主な原因だと考えられています。気温が急激に低下したため、おそらく食糧が乏しくなってきて、人類の祖先は食糧を求めて動き出したのでしょう。二百万年前から原人という形でアフリカ大陸から移動していきます。アフリカから出ていった原人は、ヨーロッパ方面ではなく、アジア方面へと生活の場を移していきました。中国の雲南省では雲南原人、北京周辺では私たちがよく耳にする北京原人の化石が見つかっていますが、ヨーロッパでは見つかっていません。ヨーロッパは氷河に覆われていて、原人が住めるような環境ではなかったのです。六十五万年前には旧人が現れました。ホモサピエンス・ネアンデルタール人[9]の出現です。

そして、一万年前に農耕が始まり、収穫を得られるようになると村づくりが始まり、文明への道が開かれました。紀元前三千年ごろ、世界各地で文明が発生しますが、それはヨーロッパ以外の場所でした。ヨーロッパは、まだ人間が住みやすい環境ではなかったからでしょう。

現代に生きる人間は、正しい学名では、ホモ・サピエンス・サピエンス（*Homo sapiens sapiens*）といいます。サピエンスとは、賢い人という意味です。それを現代人は学名として二度続けて書きつづります。

今年は西暦二〇〇四年ですが、人類の歴史をさかのぼると六百万年前まで行き着きます。冒頭の相田みつをさんが言ったように「親からずっとつながっている」ということです。六百万年たって現在まで続いている同じ遺伝子の流れの中にいるということは、私たちが忘れてはならないとても重要なことです。

六百万年前に類人猿の祖先から分岐して、人類は独自の進化により現代に至りますが、現存する動物の中で最もヒトに近いとされるのがチンパンジーです。チンパンジーとヒトの染色体の違いをＤＮＡの違いで見てみると、興味深いことが分かります。前述したように人間は四十六の染色体を持つわけですが、チンパンジーはその数が四十八です。〝一・二三％しか違わないのに、チンパンジーのほうが二つも多いということはどういうことだ！〟と思われるかもしれません。これは、チンパンジーの二つの染色体が、ヒトは進化の段階で一つになったのです。つまり、二つの染色体がつながりまとまっているのです。チンパンジーとヒトとの違いは、こうした染色体の突然変異によって生じたと考えられます。

現在、地球上には約六十三億の人がいますが、時をさかのぼってずっと辿《たど》っていくと、日本人の起源も同じ、大もとのチャド人に行き着きます。「世界は一家、人類は同じ兄弟姉妹」というような言葉がありますが、本当にそのようなもので、この視点が現在のグローバル化した人間社会の原点であると思います。

このような染色体の突然変異によって生まれたとされる人類ですが、チンパンジーからヒトが出てくるということは、かなり難しいことです。先にも述べたように、遺伝子が簡単に変わるということはあり得ません。六百万年もの長い時間をかけて変化して、現在に至っているということです。その大きな流れの中で人類が生まれ、各地域の環境に適応していく過程で、人種というものが分化してきたわけです。

人間の五つの特徴

ここで、人間の特徴を挙げてみたいと思います。

第一番目の特徴は、二本足で歩くということです。二足歩行によって手を自由に操れるようになり、細かいものを作り出せるようになりました。さまざまな道具の製造や文字を書くことまで可能になりました。しかしその一方で、二足歩行による弊害も出ました。骨

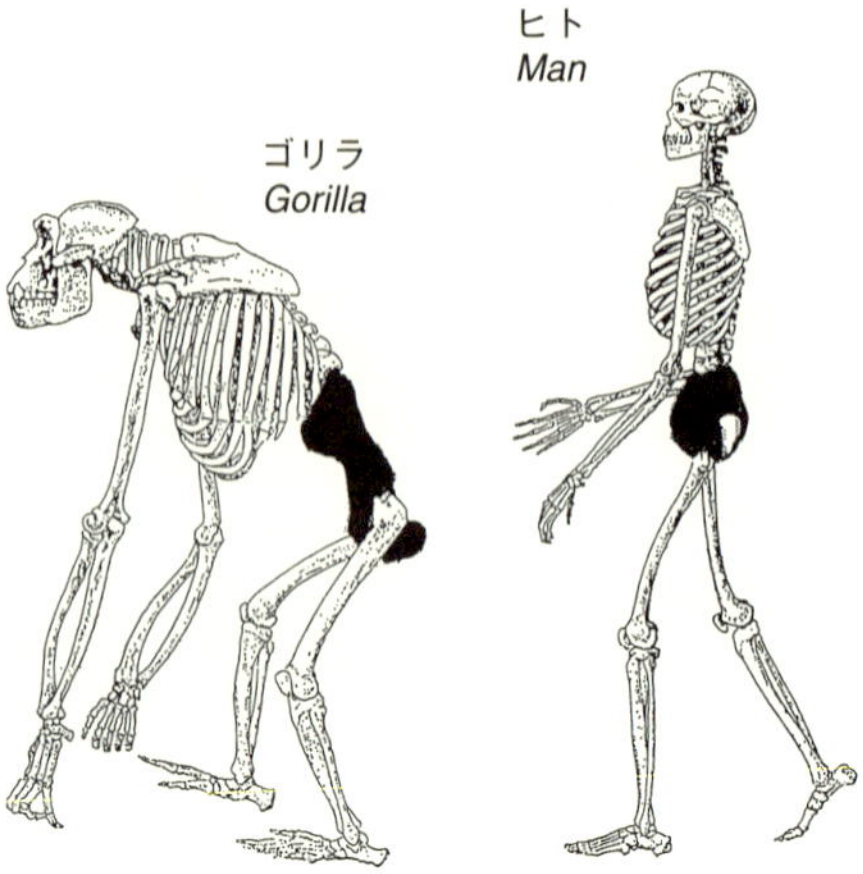

図５　人間は二本足で歩くように進化して、骨盤が極端に小さくなった（福田ら『人間生物学』より）。

盤が小さくなったことです（図５）。そのために子を出産する際、大変な産みの苦しみを伴うようになりました。牛や馬もそうですが、ゴリラなどは出産は容易ですが、人間は出産の際にたいへんな陣痛を伴います。これは骨盤が小さいからです。陣痛は人間独特のものなのです。しかし、最近になって胎児の免疫機能の発達促進などの利点も指摘されてきました。

第二番目の特徴として、脳の巨大化が挙げられます。これは第一番目の二足歩行にも関係しています。具体的にどのくらい大きくなったかというと、チンパンジーの脳の三倍になっています。三倍になったということは、大変なことです。先程、紹介した人類の祖先のチャド人はチンパンジーと変わらない脳の大きさでした。それが人類だけが進化するにしたがって、脳が大きくなりました。これは非常に大きな疑問であると同時に大事なことなのです。

脳の巨大化は、言語でのコミュニケーションが可能になったことにつながります。コミユニケーションの方法は、動物によってさまざまですが、人間ほど複雑ではありません。人間は、言語での複雑なコミュニケーションをするうえに、文字を使うようになります。

第三番目の特徴が、言語でのコミュニケーションであり、文字を使うということが第四番目の特徴と言えるでしょう。言語と文字を使うようになり、人間の脳は飛躍的に発達したと考えられます。

さらに五番目の特徴として、人間には心情があります。心情は心の動きで、感情、情緒と言い換えても構わないでしょう。

以上のように、言語や文字、心情など、あらゆる動物の中で人間だけが持つこれらの五つの特徴は、二足歩行に起因する脳の巨大化によって実現することができたと言えるでしょう。換言すれば、巨大な脳こそが人間の最大の特徴であり、その産物として心の働きが起こったと考えることができます。

脳の発育から子育てを考える

次に、脳と心の発育という視点から子育てを考えてみたいと思います。

昨今、脳科学の研究がたいへん盛んに行われ、新聞紙上でもその成果が数多く報道されています。特に、乳幼児の子育てと脳の発育に関する記事は、取り上げられない日がないほどです。この領域は興味深く、遺伝学を専攻している私の仲間も、ずいぶん脳科学のほうへ鞍替《くらが》えしてしまいました。

スイスの動物学者のアドルフ・ポルトマン(10)は、人間だけではなくサルやいろいろな動物を比較し研究した比較動物学の研究者ですが、「人間は最も高度な動物であるのに、脳はいちばん未熟な状態で生まれてきている」ということを見いだし、ポルトマンは、「人間は『生理的早産』である」と発表しました。

この事実を受けて、わが国の脳科学の開拓者である時実利彦《ときざねとしひこ》先生は、「子育て、保育の究極のねらいは、生まれてくる赤ん坊の未熟な脳から、心——精神——を生みだし、人間らしい行いをする脳に成育させることである」と、『脳と保育』(雷鳥社、一九七四年)の中で述べています。乳幼児の脳の状態と育児に携わる者の心がけとして、含蓄ある言葉です。

ここで、現在分かっている段階で、脳にアプローチをしてみたいと思います。

ヒトの脳の進化と発育過程

まず私たちヒトの脳の進化を考え、あわせて脳の発育過程を考えてみましょう。前述したように脳の進化こそが、ヒトとチンパンジーを決別させたいちばん大きな違いです。ヒトの脳とチンパンジーの脳の大きさを比べると、ヒトの脳はチンパンジーの約三倍です。それを進化の過程で追ってみると、約二百五十万年前に原人が出現したときに二倍になり、五万年前に新人が出現したときに三倍になりました。いずれも頭蓋骨を分析することで分かります。脳は原人から新人への進化の過程で、特に前頭葉、頭頂葉、側頭葉、およびその大脳周辺の増量が目立っています。それがチンパンジーとの大きな違いです（図６）。

赤ちゃん誕生時の脳の大きさは、ちょうど四百ＣＣの容積でチンパンジーと同じです。これは脳に障害を起こさないで産道を通って生まれてくるときの限界の大きさです。赤ちゃんの脳の大きさは、ポルトマンをして「未熟な状態で生まれてくる」と言わしめたのです。生まれたときはチンパンジーと同じ脳の大きさですが、成長するに従って容積が増え、ついには三倍になるのです。

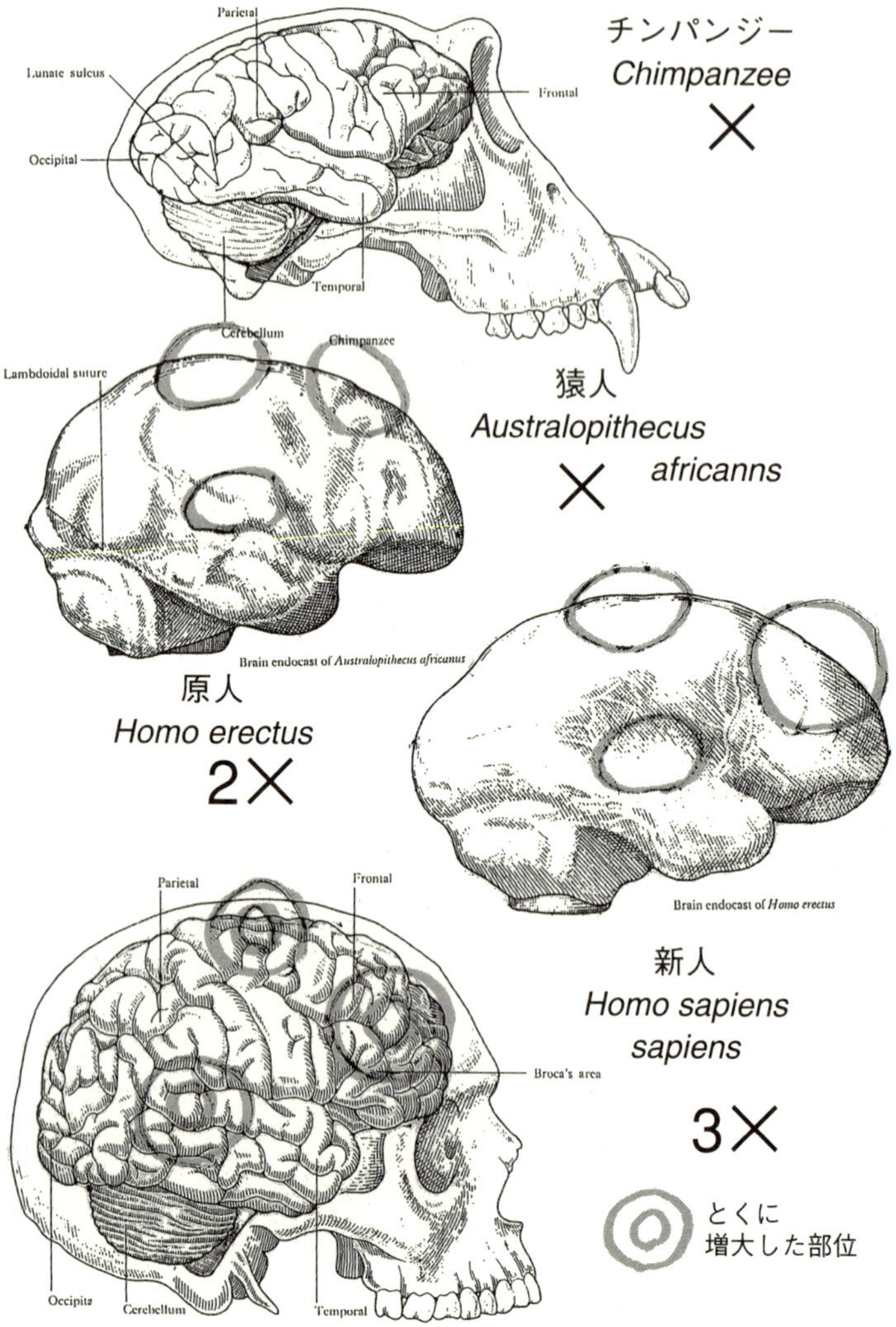

図6　チンパンジー（X）に比べて3倍（3X）に増大した新人・現代人の脳（福田作成）。

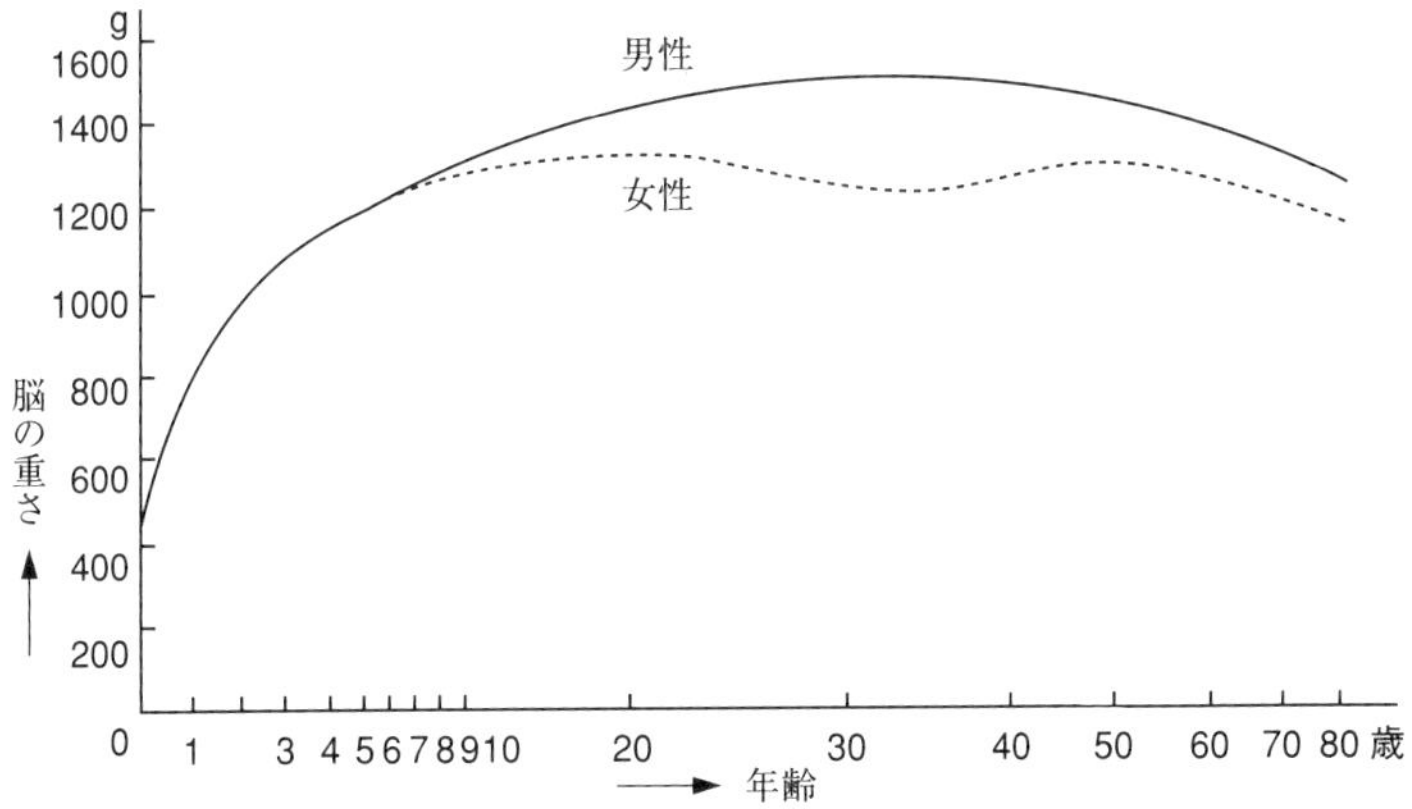

図7　年齢による人間の脳の重さの変化（Dodgson 1962）。

脳の発育過程から驚くべきことが分かります。ヒトの脳細胞の数は、赤ちゃんも大人も同じで、遺伝子によって決まっているのです。しかし、ヒトの脳は、子供から大人になる段階で大きく重くなることが分かっています。これは脳細胞に栄養を与えるグリア細胞が増え、一つ一つの脳細胞、ニューロン（神経細胞）の内容が充実してくるために容積が増え、重くなるのです。また、脳の血管が増加することも原因の一つに挙げられます。

子供の脳の発育速度は、乳幼児期の0歳から五歳でピークに達して、出生時の二倍以上になります。そして、二十歳までゆるやかに増加します。

図7は、年令によるヒトの脳の重さの変化を示したものです（Dodgson 1962 の論文による）。これを見ると、0歳の四百グラムから、二十歳から三十歳の千五百グラムでピークに達し、あとはゆっ

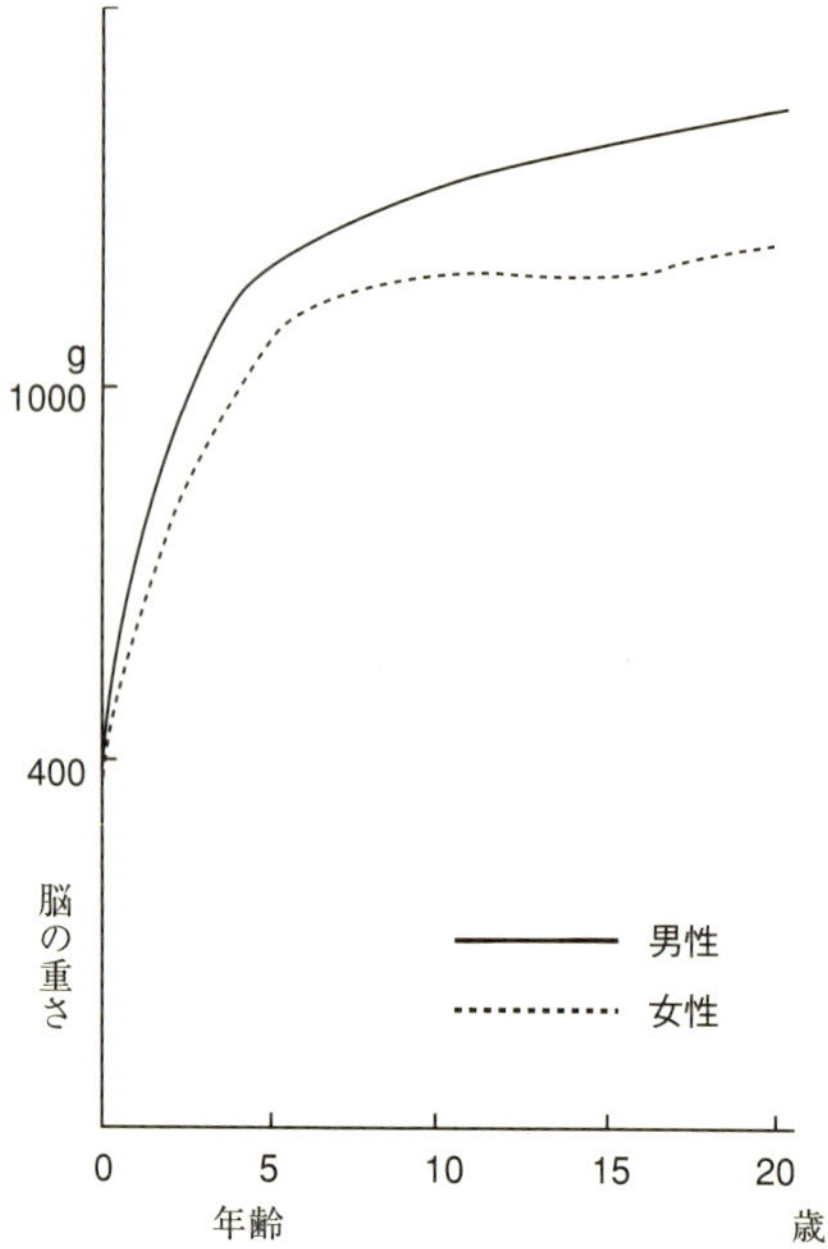

図８　乳幼児期における脳の重さの変化（Hamlyn 1963）。

くりと減少していきます。

そして、図8で見られるように脳の発育から考えると、0歳から五歳の乳幼児期が最も重要な時期であることが分かります。赤ちゃんの脳は、生まれた直後で四百グラムですが、生まれた直後から外界の環境に刺激を受けながら急ピッチで発達し、重くなっていきます。すなわち、0歳から五歳までに急激に増え、二倍以上の千二百グラム、十歳で千三百グラムに達して、最も激しい変化が起こります。こうしてヒトの脳は、胎児のときから五歳ぐらいまでの乳幼児期にそのおおよそが出来上がってくるので、この時期の子育ての重要性が指摘されています。

ルネ・デュボス[11]というアメリカの学者は、「脳の変化が大きい乳幼児期には、十分な栄養を与えないと脳が大きくならない」と言っています。つまり、この乳幼児期に食べ物をしっかり与えないといけないということです。

もう一つ大事なことは、誕生以前の脳の発達です。

図9は、胎児の脳の重さを表したグラフです。妊娠二か月ぐらいから脳が形成しはじめて、五か月から十か月の間で急激に増えて四百グラムに達します。

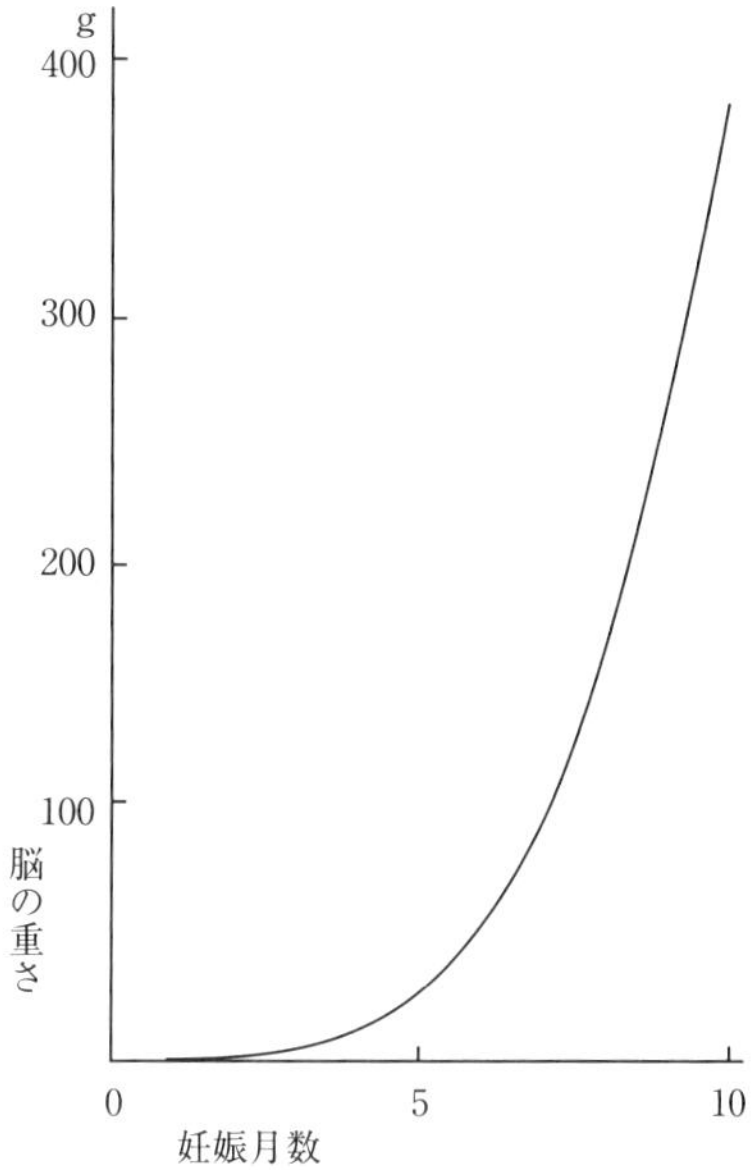

図9　胎芽・胎児期における脳の重さの変化（Eccles 1973）。

胎児の脳の重さは、妊娠五か月から十か月で大きく成長します。この時期は、妊娠中の母親が、つわりなどいろいろと体調に変動があり、最も悩む時期です。一方、そのころの胎児は脳が増え、体も発達していく時期です。この時期は、栄養が十分に配分されるよう母親自身が十分に食事を摂ることを考えなくてはいけません。

赤ちゃんの脳の発達過程

脳細胞の数は、赤ちゃんと大人では変わりませんが、脳のニューロンの発達に大きな違いがあります。このニューロンは他の体細胞とは違い、非常に独特な形を持っています。

ほとんどの体細胞は丸いのですが、ニューロンは軸索《じくさく》と呼ばれる神経繊維でできていて、その先端は枝分かれした樹状《じゅじょう》突起になっています。そして、互いに繋ぎ合っているために、引っ張り合っているような形になっています。神経繊維はどんどん伸びていき、お互いに結びつきます。これらは単に容量が大きく膨らむというのではなく、神経細胞どうしが繋ぎ合っていき、その繋ぎ合わせの接点にシナプスができていきます（図10）。

脳における特徴あるニューロンの発達

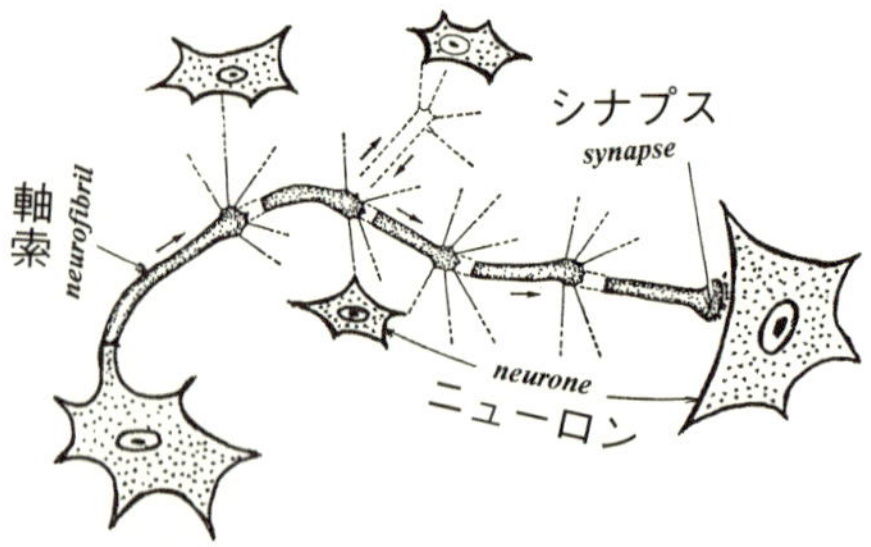

図10　脳のニューロンは軸索を伸ばし、他のニューロンとシナプスのところで結びつき、どんどん発達していく。

脳細胞の数は決まっていますが、その繋ぎ合わせがどんどん増え、どんどんニューロン

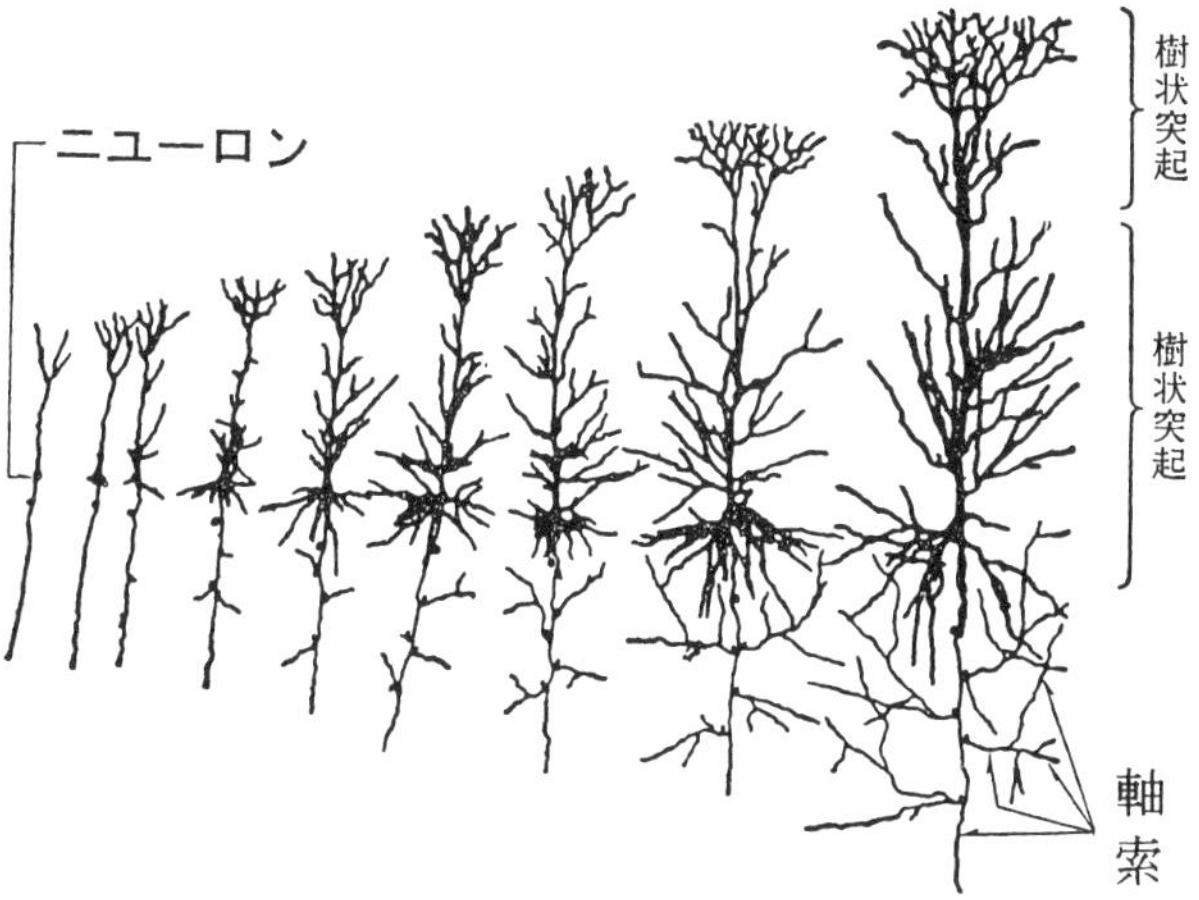

図 11　発達していくニューロン、軸索、樹状突起（S.A.Sarkisov）。

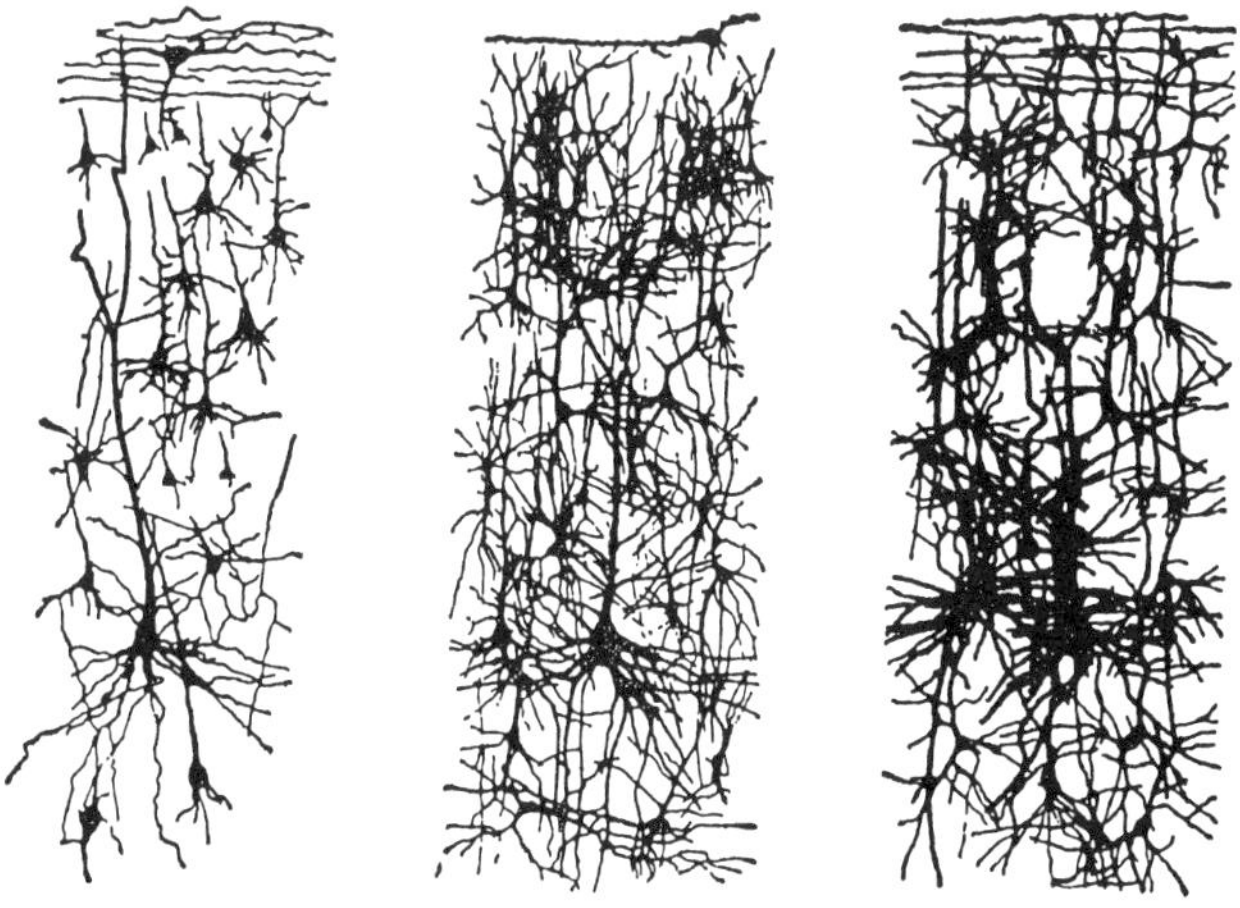

図 12　脳のニューロンのからみあいの発達（J.L.Conel）。

を伸ばしていくのです。樹状突起はいろいろな情報を収集するアンテナのような役割をしています。ここで得られた情報が軸索によってニューロンに伝えられ、いくつかのニューロンを経由して、最終的には大脳皮質のところに到達し知覚されます。脳細胞に刺激があればあるほど、ニューロンとシナプス（Synapses）は増えていきます（図11）。

図12は誕生時、生後三か月、十五か月のニューロンのからみ合いの発達を示しています。はじめまばらであったのが、その後、急速にからみ合って接続が増えていき、幼児期後期（六歳ころ）に増加速度が最大になり、接続密度はたいへん高い状態にあることが分かります。同時にグリア細胞が増えてきて、樹上突起が出たりします。その後、不要な接続はなくなっていくので、少しずつ減っていきます。驚くことに六歳までに神経接続は最大になります。ニューロンの接続は、使えば増え、使わなければ減っていくことが分かっています。六歳ころがピークですが、大人でも新しいことを学習すれば神経接続が増えます。反対に脳を使わなければ、どんどんそれらの接続は失われていきます。

例えば、私たちは健康を維持するために運動をします。運動をすれば、それだけ筋肉がつき、健康や体型を維持できます。このように、目に見える体のことについては気をつける人は多いのですが、脳についても同じように気をつけなければなりません。脳を動かして運動させるというわけにはいきませんが、新しいことを学習するなど、脳に刺激を与えることが大切です。脳は使わなければ、早く呆《ぼ》けてしまうし、神経接続も衰えてしまいます。

さらに機能の面から脳を見ると、脳の重さだけでなく情報を伝える仕組みの発達過程が問題になります。誕生から乳幼児まで成長する過程で、脳がどのように変化しているのか知りたいものですが、ニューロン、軸索、シナプス、樹状突起を調べることで解決できます。

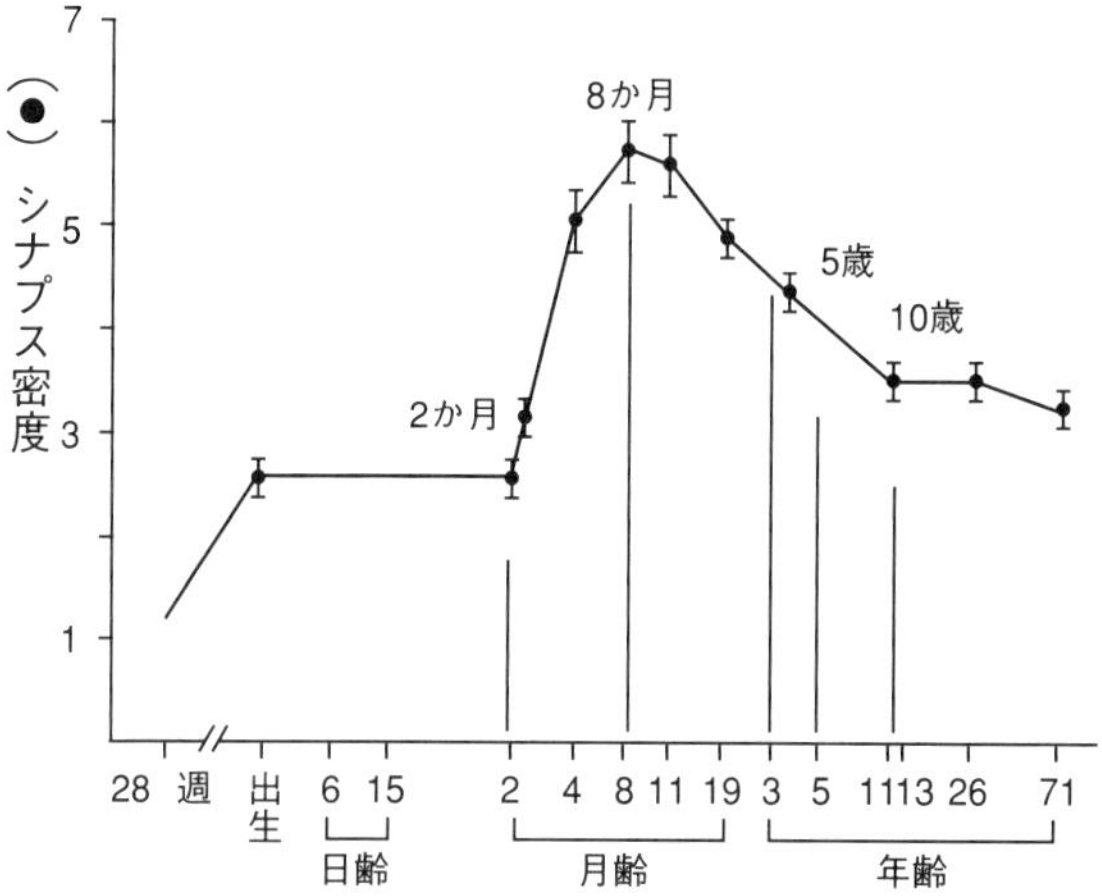

図13　ヒト大脳皮質視覚領野でのシナプス形成（Huttenlocher et al. Neurosci Lett. 33, 247-52（1982））

例えば、赤色の物体があると、まず目の奥にある網膜に映った「赤色」という視覚情報をニューロンの先端にある樹状突起がとらえ、その情報が軸索を通じてニューロンに伝達され、後頭部の大脳皮質視覚領野へ視覚情報として運ばれる仕組みになっています。

その際、網膜から視覚領野までは、ニューロンすなわち神経細胞によって運ばれます。

神経細胞がつながっていき、情報が伝わるわけですが、その細胞と細胞の繋ぎ目にシナプスがつくられていきます。シナプスの数の増加は、生後二か月から八か月で急激に増加して、一歳から五歳で最も多く増加します。

図13はヒトの大脳皮質の視覚領野でのシナプスの形成状態を調べたものですが、これによると生後二か月から脳の情報網は急激に増加しはじめ、八か月、十一か月の乳児期にピークに達し、五歳ごろの幼児期まで増加し続けています。しかし、十歳を過ぎるとその増加は緩やかに低下します。

さて、脳の発達からみた子育てのポイントを次のようにまとめることができます。

脳は受胎後、三週間ぐらいから形態形成、機能分化が始まります。脳の大きさと働きの発達状態から見ると、生後二か月から五歳ぐらいまでの乳幼児期が最も大切です。この時期に脳の発達にふさわしい環境条件を整えた子育てをすると、脳は遺伝素質を最大限に発達させ、成長してからも豊かな人生を送る基礎を築くことができます。

最近の脳科学の発展から解明されたもの

最近の脳科学の発展は、脳を重さだけでとらえるのではなく、脳内部の構造変化から、

MRIによって解明された脳の働き

MRI（magnetic resonance imaging）

水素原子の核磁気共鳴現象を利用した画像法

fMRI：functional MRI

血液のヘモグロビンの酸素を用いて脳内の血液変化を画像化する機能的MRI.

女性の脳

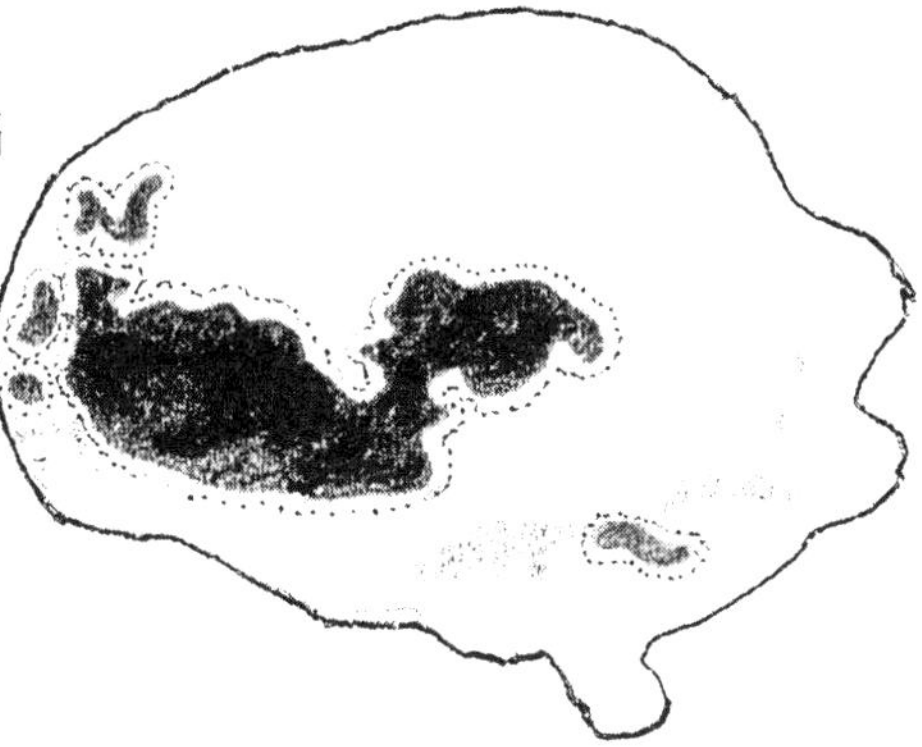

男性の脳

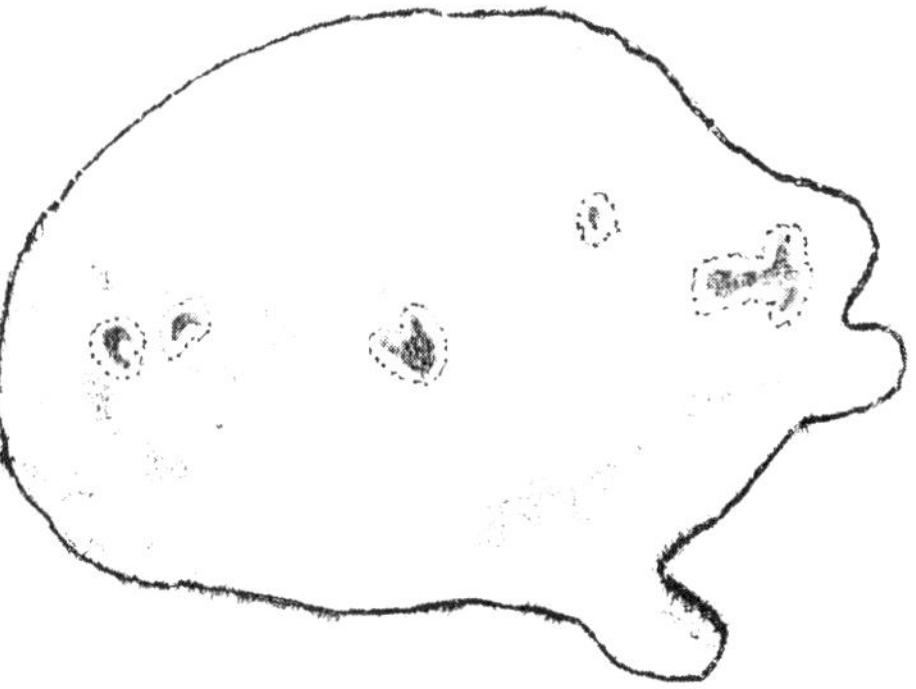

図 14　fMRI によって解明されてきた男女の感情反応の差異（Rita Canter 1998）

その機能の解明にまで及んでいます。

これまで脳は強固な頭蓋骨の中におさまっているので、その機能の働きを外部から見ることは大変なことでした。それを打ち破って、脳細胞内の血液の水素原子の変化を電磁波で読みとり、画像に表示する方法が開発されてきました（図14）。

例えば、この装置を用いた一つの実験があります。「あなた自身、悲しいことを考えなさい」という指示に対して、女性の脳の情動的な部位の働きが活発に強い反応を示し（黒い部分）、男性の脳は少ない感動反応を示しました。この結果はもちろん個体差があり、一概に言うことはできませんが、女性、男性の感情の特徴を表す興味深い資料といえます。

そして、これらの脳の働き、反応の差異はその働きを動かしているものに脳内物質があり、その分泌機構と密接に関係しているということが分かってきました。

遺伝子、脳、そして心の関係

次に、心情――感情をつかさどる脳の機能とその機能を支配する遺伝子、つまり心の作用と遺伝子の関係について見ていきましょう。あたりまえのようですが、ヒトには心があります。心こそがヒトのいちばんの特徴であり、ヒトの持つ神秘性と言えるでしょう。心の動き、つまり感情（情動反応）は、脳のモジュール（ある部分）のスイッチが動かす化学物質の働きでとらえられるようになりました。

最近、ヒトの性格（気質）に関係する二つの遺伝子が発見されました。一つは、**ドーパミン樹状体B4遺伝子**です。探究心や衝動的情動、短気などは脳内のドーパミンという物質に支配されていますが、ドーパミン樹状体B4遺伝子は、ドーパミンの量を制御する遺伝子です。

もう一つは、**セロトニン・トランスポーター遺伝子**です。慎み深さ、対立を拒む感情に関連する脳内物質・セロトニンを制御する遺伝子です。いずれの遺伝子も、脳内物質をコントロールすることに関与する遺伝子で、感情、つまり心の動きを制御するのに大きな役割を果たしています。

これらの脳内物質は五十種ほど見つかっています。それらの中で代表的なものをいくつか紹介しましょう。一つ目は、**セロトニン**です。これが盛んに分泌されると、気分が晴れ晴れして楽天的になり、精神を安定させる作用があります。躁病やうつ病を防ぐ効果があることが分かっています。ドーパミンが少なくなると精神的停滞を起こし、極端な場合にはパーキンソン病になります。反対に多くなると、自律神経失調症や精神分裂症などの統合失調症になります。

アセチルコリンは記憶、学習、注意をコントロールします。少なくなるとアルツハイマー症になります。ノルアドレナリンは興奮性物質で気分が高まります。

例えば、セロトニンは精神を安定させる作用があるので、うつや躁の人はセロトニンを飲めばよいではないかと思われますが、セロトニンを飲んでも気分はよくなりません。それが遺伝子の妙とでも言うのでしょうか。いくらセロトニンを外部から摂取しても、セロトニン・トランスポーターが、神経細胞のつなぎ目のところで関所のような役割を果たして、一定の量しか通さないのです。このセロトニン・トランスポーターを制御しているのが、セロトニン・トランスポーター遺伝子です。そのために脳内物質の働きは、遺伝子によってコントロールされているのです。

心の働き（情緒）が脳内物質を伝達する遺伝子の働きによって制御されているとするならば、できるだけよい遺伝子が働くように次の世代に伝えていくことが、親の世代に課せられた使命ということができるのではないでしょうか。

しかし、この問題はそう単純ではありません。これまで、人間の性格（パーソナリティ・人格）に関する遺伝については、心理学者による性格の区分とあいまって、これらの形質はポリジーン遺伝に基づく――一つの遺伝子が一つの形質を規定するのではなく、たくさんの遺伝子が集まったものが複合して働く――と解釈され、その場合、環境要素の作用も組み込まれると考えられてきました。ヒトの遺伝で家系図や双生児の資料から、それらのことが論じられてきました。現在、遺伝子レベルの追究が進み、一方、脳科学の発達で、人間の心の働きの解明が進行中ですが、いったいこの問題はどこまで進むのでしょうか。

一九五三年、ＤＮＡの構造を解明したフランシス・クリック博士は、現在もお元気にカリフォルニアで研究を続けておられますが、最近著された『ＤＮＡに魂はあるか――驚異の仮説』（講談社）において、次のように述べておられます。

「人間の心の動き――喜怒哀楽、記憶、意思、希望、思考など――は、脳にある無数のニューロンの集まりと、その作用をコントロールする遺伝子の働き、それを動かす化学物質の解明で、すべてが説明できるような時代がきっとやってくると私は思う」

このクリック博士は、そんな自信にあふれた仮説を立て、毎日研究を続けながら、しかし、日曜日が来ると近くのカリフォルニアの教会へ行って礼拝を捧げているそうです。

子供に伝えたい生命尊厳の意味

最後にまとめとして、子供に伝えたい生命尊厳の意味について述べたいと思います。

第一に、私たちのいのちは、自分だけのものではなく昔から伝えられてきたもので、突き詰めて言うと遺伝子の伝承になります。自分自身が、連綿と続く生命の連続性の中に生きていることを自覚し、結婚したときからは自分の体のことだけでなく、次の世代の親となることを自覚し、特に健康管理に気をつける必要があるといえるでしょう。

第二に、人間の体は実によくできていて、これを土台にもっと力強く、もっと元気に生きていくことができる可能性を秘めているということです。その土台は、子供の発育初期にあります。脳や体の器官の発達、そして心の発達という側面から見て、胎児期から五歳ぐらいまでの乳幼児期の子育てが非常に大切で、夫婦が協力して子育てに励む必要があると思います。

第三に、私たちの脳はすばらしい働きをしていて、今までにない新しいもの、新しいこと、新しいやり方を考えて創り出していくこと、さらに脳を進化させていくことが可能であるということです。

第四に、すばらしい能力を持っている人間は、みんなで仲良く助け合っていのちを育み、次の世代に伝えていかねばなりません。わが家の赤ちゃんとしてだけでなく、長い道程《みちのり》をいく人類の一員として、親子で人間存在の意義を考えていくことが大切です。

この四つを提案し、遺伝学や脳科学の分野から「親学」の大切さを訴えたいと思います。

（注）

(1) 遺伝子とDNAについて

遺伝子という言葉は、G・J・メンデル（一八二二年～一八八四年、遺伝の法則の発見したオーストラリアの生物学者）の時代から遺伝の働きの「もと」となるものの概念として広く用いられてきました。それが一九五三年、ワトソンとクリックによって、遺伝子の「つくり」は、DNAという分子であることが明らかにされました。従って、遺伝子とDNAは同じものですが、遺伝の働き（機能）という意味で用いる場合は「遺伝子」という言葉を使用し、物質の意味で用いる場合は「DNA」を使用します。

(2) ジェームズ・ワトソン（一九一六～　）

米国シカゴ生まれの分子生物学者。専攻分野は遺伝子DNA（デオキシリボ核酸）。一九八九年国立衛生研究所のヒューマン・ゲノム研究センター所長となり、ヒトの遺伝子の全容を解明しようという国際的研究「ヒューマン・ゲノム・プロジェクト」のリーダーをつとめる。一九五三年にフランシス・クリックと共同研究で遺伝子DNAの二重らせんモデル「ワトソン・クリック理論」を発表、遺伝物質の複製の仕組みを解明した。この業績によりクリック、M・ウィルキンズと共に一九六二年ノーベル医学生理学賞を受賞。一九七一年には米下院公聴会で試験官ベビーの是非を論議する国際会議召集を提言した。著書に『遺伝子の分子生物学』『二重らせん──DNAの構造を発見した科学者の記録』などがある。

(3) フランシス・クリック（一九一六～二〇〇四）

一九一六年、英国ノーサンプトンシャー州に生まれる。ロンドン大学で物理学を学び、一九四〇年海軍に勤務。一九四七年ケンブリッジ大学キャベンディッシュ研究所でタンパク質の構造を研究、米国の分子生物学者ジェームズ・ワトソンと知り合う。その後、一九五三年M.H.F.ウィルキンズのX線回折図に基づいて、ワトソンと二人でDNA(デオキシリボ核酸)の二重らせん構造モデルを提唱、この業績で一九六二年にワトソン及びウィルキンズと共にノーベル医学生理学賞を受賞した。著書に『分子と人間』『生命——この宇宙なるもの』などがある。

(4) **モンゴロイド**

類モンゴル人種群。コーカソイド(白色)・ニグロイド(黒色)と並ぶ人種の三大区分の一。黄色ないし黄褐色の皮膚と、黒ないし黒褐色の直毛状の頭髪とを主な特徴として分類され、眼瞼の皮下脂肪の厚いこと、蒙古襞ひだ、乳児に蒙古斑の頻度がきわめて高いことなども特徴。日本人・朝鮮人・中国人を含むアジア-モンゴロイドのほか、インドネシア-マレー人、ポリネシア人、アメリカ先住民が含まれる。

(5) **ニグロイド**

類黒色人種群。三大人種区分の一。黒褐色の皮膚の色を主な特徴とし、黒色人種・ニグロとも呼ばれる。アフリカのスーダン系のネグロイドのピグミー、南アフリカのコイサン、インドのドラヴィダ、東南アジアのネグリト、メラネシア人などが含まれる。コイサン人種群をカポイド(Capoid)として区別する分類も行われる。

(6) **コーカソイド**

三大人種区分の一。ヨーロッパ・インド・西アジア・北アフリカ・南北アメリカなどに分布。比較的明色の皮膚、波状の毛髪、幅が狭く高い鼻などが特徴。コーカサス人種。類白色人種群。

(7) **オーストラロイド**

モンゴロイド、ニグロイド、コーカソイドの三つの人種に属さず、主にオーストラリア、ニューギニアなどに分布する。

皮膚の色は濃褐色。波状の毛髪、顔の彫りの深さが特徴。

(8) アウストラロピテクス

（南の猿の意）　南部アフリカ・東部アフリカの第四紀層下部から発見された化石人類の一群。約四百万〜百五十万年前に生息した最古の人類と考えられる。脳の容積は現生ゴリラと同じぐらいだが、頭蓋骨の形状や歯は人間的で、直立二足歩行をしたとみられる。猿人。

(9) ネアンデルタール人

化石人類の一。一八五六年、ドイツのネアンデルタールの石灰洞で最初に発見された。同種のものはヨーロッパ各地、小アジアその他、旧世界各地で発見された。現在ではホモ - サピエンスに分類されるが、原人と新人との中間に位する。長身で脳容積は現代人よりむしろ大きかった。旧人。

(10) アドルフ・ポルトマン（一八九七〜一九八二）

スイスの動物学者であり思想家。専攻分野は動物比較形態学。バーゼル大学で学位を取得。ミュンヘン、パリ、ベルリンの各大学や各地の臨海実験所を経て、一九三一年からバーゼル大学教授、一九四七年同学長となる。鳥類、哺乳類、海産動物の比較形態学、発生学、行動学の分野で先駆的な研究をするとともに、生物学を基礎とした人間論を展開。著書『人間はどこまで動物か』（一九四四）は大きな影響を与えた。ゲーテの研究家としても有名。他の著書に『Biologie und Geist』（一九五六）、『生命あるものについて』（一九七三）、『脊椎動物比較形態学』（一九七六）などがある。

(11) ルネ・デュボス（一九〇一〜一九八二）

米国の細菌学者、生態学者、文明論者。一九〇一年フランスで生まれ、パリで農学を学んだあと、米国へ移住し、一九三八年に帰化。ロックフェラー研究所において結核菌を研究。ハーバード大学教授、ニューヨーク立大学教授をつとめた。その後生態学に転じ、人類の将来について考察した人間論、文明論の著書を次々に発表。主なものに『細菌細胞』『生命の灯』『人間であるために』『内なる神』』『地球への求愛』などがある。

第五章　幼児教育における親の学びとは

長田　安司

長田《おさだ》 安司《やすじ》

中央大学文学部卒業。和光大学幼児教育研究横地清ゼミ聴講。その後、30年にわたり保育現場にて横地氏の指導を受ける。共励第三保育園園長を経て、現在、共励保育園理事長。「ごっこ遊び」を中心にした劇的な手法による保育カリュキュラム（総合保育）を開発。平成14年度にソニー幼児教育財団より優良プロジェクト園として表彰される。親学会理事。

はじめに

保育園で幼児教育に携わってからもう三十年。長年にわたって多くの子供たちやその親の方々と接してきましたが、迷うことも、また学ぶことも多い毎日です。これまでの保育園での経験を踏まえて、あらためて保育園の真の役割とは何か、幼児教育には何が必要か、ということについて考えてみたいと思います。

私たちの生活は、便利で豊かなものになりました。しかし、その便利で豊かな生活の裏では、私たち人間にとって、根本的で非常に大切な何かが失われてきているように思えてなりません。街には多くの商品やいろいろなサービスがあふれ、お金さえ出せば容易に欲しいものが手に入ります。古くなった物や壊れて動かなくなった物を修理して使うよりも、新しく買い換えたほうが経費的には安い場合も多く、しだいに物を大切にする心も失われつつあります。

子育てに関しても同じようなことが言えそうです。子供を手間隙かけて育てたり自分で教育するよりも、お金を出して他人に任せてしまうほうが効率的だと考えるケースが増えてきているように思います。

このような世の中で家族のきずなを深めていくには、まず親である私たちが、何が大切であるかを認識し、それを学んでいく必要があります。そこで、私自身が親としてどのような取り組みをしてきたか、また今、日本の子供たちが保育を受ける場合、どのような環境に置かれているのかを簡単に解説したあと、保育園の役割と私の保育園で実践していることを紹介しながら、「親学」について考えていきたいと思います。

家族の「きずな」づくり

おそらく多くの人は、〝結婚して子供ができれば、ごく自然に家族として平和で順調な日々を過ごしていける〟と考えるでしょう。私も同じように思っていました。ところが、保育園の仕事をしながら多くの親子に接していくうちに、「家族」となることがどんなに難しいことなのかを実感するようになりました。

昨今はテレビや新聞の報道で家庭内暴力や家庭崩壊などが伝えられ、社会問題として語られるようになりました。家庭内暴力や家庭崩壊について考えていくうちに、その原因の一つが皮肉にも「豊かな時代」にあると気がつきました。「豊かな時代」は幸せの代名詞のはずなのに、実はそれが家族の「きずな」、つまり家族をつなげるものをことごとく消し去っている一因となっているのです。

一九八三年に公開され、大きな話題を呼んだ森田芳光監督の「家族ゲーム」という映画があります。その作品の中で最も印象的だったのが、家族でごはんを食べるという日常的なシーンです。そこでは家族がテーブルを囲んで食事をするのではなく、横一列に並んで食事をしているのです。顔を見合わせることもなく、それぞれが正面を向き、自分の言いたいことだけを言いながら食事をしているのです。私は、このシーンが家族でありながらもバラバラに生きている「現代の家族」の象徴であると感じ、強い印象を受けました。

その昔、家族はまとまらざるを得ませんでした。自然の厳しさや経済的な貧しさが必然的に家族をつなげてくれました。例えば、寒さ暑さなどの天候から、また狼や熊などの外敵から家族を守らなければならなかったのです。親が子供を守るだけでなく、子供も家族の一員としてやらなければならないことがあり、その役割を果たしていました。

このように、家族が一致団結していろいろな障害を乗り越えていくことにより、家族としての一体感を持つことのできる大きな「きずな」が生まれていたのです。ところが、現代のような便利な社会は、家族がまとまるべき要素をことごとく奪っていってしまうように思えます。

父の話

数年前に亡くなった私の父の話です。

父は神奈川県の貧しい山村に生まれました。祖父は賭博《とばく》好きだったために財産を失い、体も壊して祖母が生計を立てているような家庭で育ちました。貧しい生活だったので、父は小学校にもほとんど行くことができずに、祖母を助けて働き、やがて小学校を出ると青果商の小僧として働き始めます。

その後、東京都亀戸のセルロイド工場に勤め、通信教育を受けさせてもらいながら働いていたのですが、無理がたたりがんを発症します。当時、無償で治療してくれた慈恵医大病院で何度か手術を繰り返すのですが、完治しないまま退院しました。祖母は「おまえは死んでも仕方がない」と言いながらも妹の着物を質に入れて一円三十銭というお金を父に渡してくれました。お金になるものはそれしかなかったのです。父はそれを元手に商売を始めました。最初は家で採れた麦で麦焦《むぎこ》がしを作り、それを売り歩き、元手が増えると、別の商売に発展させました。

そして、お金が貯まるとがん治療のために、山梨県の自宅から八〇キロほど離れた東京都中野区の三省堂医院まで自転車で通っていました。父は商売を通して関わった人たちから、商売の基本を教えてもらったり、病気を治すための湯治費用の応援などを受けました。こうした人たちからの温情ある支援を父は決して忘れませんでした。

やがて、病院の治療が良かったのか、それとも通院のために長い距離をサイクリングしたのが良かったのか、父のがんは完治します。父は病気を克服し、一円三十銭からスタートした商売を安定させ、人並みの生活を送ることができるようになりました。

戦後、復員してからはまたゼロから商売を始め、父は無の状態から有を生み出す才覚を駆使して、商売を広げました。アメリカ映画の「ペイ・フォワード」のように、自分の受けた温情を別の人に返していきました。商売の傍ら、父は戦災孤児を家に引き取り、私たち子供といっしょに育てたり、生活困窮者の面倒を見させていただいたりしていました。また、保護司をしていた関係から、乳幼児期の教育の大切さを知った父は、昭和二十九年、世の中が少し落ち着いてきたころ、保育園をつくることを考えました。

その当時は国からの補助などありませんでしたから、園舎一つ建てるのにも容易なことではありませんでした。父はまず、古くなった会社の社屋や学校の解体を請け負うことによって、解体するときに出る廃材を手に入れることを思いつきました。廃材をきれいに洗い束ねて大工さんに依頼し、再び組み立ててもらうのです。

園舎は、会社の社員住宅や小学校の図書館、古い木造社屋をもらい受けて、とび職の人に頼んでその古い建物を壊してもらい、廃材から建てました。父は、日曜日になると私と兄をトラックの荷台に乗せ、建物を解体している現場に連れて行きました。そこでの私と兄の仕事は、とび職の人が解体した材木の釘をていねいに抜き、種類ごとに分けて藁《わら》で束ねることでした。持ち帰った材木を、新しい保育園の建材として使えるようにきれいに洗うのも私たちの仕事でした。

このような苦労をして園舎が出来上がり、どうにか保育園はスタートしました。しかし、当時は一人の保育料が一か月で五百円の時代だったので、保母の先生に給料を払うと手元には何も残らないといった状況でした。園舎建設の借金もありましたし、保育園では子供たちに給食を出さなければならないので、財政は決して楽ではありませんでした。父は保育園の運営資金をつくるために、自ら東北地方に行商にも出かけました。父は常にさまざまな工夫をして、園舎造りから運営資金づくりまでをやり遂げ、保育園を経営しました。

まだ子供だった私たち兄弟も容赦なく仕事をさせられました。私が父から教わったことは、どんなに小さくても家族の一員としてやるべき役割は果たさなければならないということだったと思います。貧しい社会であったからこそ、家族が団結を強めてまとまり、自分の家族は自分たちで守っていくという気持ちを持つことが必要でした。意識して何か特別なことをやらなくても、お互いが自然につながろうとしていた時代でもありました。それが「家族のきずな」を生みました。

今は、何もしなければ家族はバラバラで、つながることが難しい時代になってしまったようです。家族が以前とは違う社会状況に置かれていることを、親である私たちはしっかりと認識しなければなりません。

わが家の家訓

父からの教えは、私の心にも体にも強烈に残っています。実際、保育園創設期には、父はいつも作業服でした。資金がなかったから、自分で保育園の環境を整えるしかなかったのです。そしてそれを手伝うわれわれ子供たちも、肉体労働は当たり前のことでした。

父はその保育園を共励《きょうれい》保育園と名づけました。共励保育園には、昭和三十五年ころには、すでにプールがありました。プールを作るのも、父は自分の手で行いました。河原から持ってきた割《わり》ぐり石を基礎に敷くと、二人の職人を雇い、鉄筋や型枠を組んでいってもらいます。われわれ子供の仕事は、河原から石や砂利、砂を運ぶことです。時にはコンクリートを練る作業にも加わります。これは結構腰にきます。職人の指導を受けながらも、父と私たちは素人の手でコンクリートを打ちます。左官仕事は無理なので専門職にお願いします。父はこうして非常に安い費用でプールを作ってしまいました。塗装をしていないコンクリート色の浅いプールでしたが、保育園の子供たちが十分に水遊びを楽しめる立派なものでした。

こうした「自分でできることは自分でする」という父の姿勢は、わが家の家訓として受け継がれています。つまり、「肉体労働」はわが家の家訓なのです。実際、私の子供たちは、肉体労働をいといません。工事現場に置いてあるユンボ（油圧シャベル）を動かしての土木作業はけっこう上手です。

数年前、亡き父の居宅を改築して「子育て広場」を作ったときも、外構えの仕事はほとんど家族で行いました。塀は余った建物の材料で作りました。それから建物の東、北、西側に車六台分の駐車場を造るためコンクリートを打設《だせつ》しました。

設計段階の検討不足から、傾斜が十メートルで十五センチ程度しかとれませんでした。傾斜がとれないとコンクリートを打ったあとに、いたる所に水が溜まってしまうことが起こります。最初に土木作業をスコップによる手作業で行い、コンクリートの流れ止めの木枠を作り、それに鉄筋を組み込み、さらにコンクリートの傾斜角度を決めるレベルポイントを作っていきます。あらかじめ連絡をしておいた生コン業者が到着すると、一気に現場は戦場と化します。これは想像以上に大変な仕事です。息子二人、娘、応援二人も加わって、必死でコンクリートまみれになりながら打っていきます。

とにかく、全員が心を合わせないと、この作業はできません。すったもんだの末に八立方メートルのコンクリートを打ち終えたときは、みんな疲労困憊《こんぱい》でした。しかし、不思議なことにきつい仕事をすると、お互いの心がつながるようです。言葉のないコミュニケーションです。

こうした経験があるので、わが家の子供たちは大変なときには、とにかく体を動かして乗り越えていってしまいます。家族みんなが助け合っていく姿勢は、たぶん私から息子たちへ、息子たちからその子供へと自然に受け継がれていくことになるでしょう。私もそうなることを切に願っています。

第二の家訓

私は父の後を継ぐという形で保育の世界に入りましたが、この仕事を通して、家族が家族たり得るのは非常に難しいことだと感じるようになりました。つまり、家族の関係が薄くなる要素が現代社会に蔓延《まんえん》していることを知ったのです。

幸い、私には父から受け継いだ「肉体労働をする」という家訓があり、それが家族をつないでくれていますが、これは少々きついのです。時代が時代だけに、子供には理解しにくい状況もあります。もっと楽しくつながりをつくれるものはないかと、私自身の家族としての家訓を探しました。

私は妻とコーラスで知り合いましたが、当時、私はリコーダーの練習も一所懸命していました。妻は時折、私の演奏のピアノ伴奏を受け持ってくれていたのです。そのようなことがあり、結婚して子供ができたら、子供たちに音楽を教えるということは、私の強い願いでありました。もちろん妻もそれに同意してくれました。

音楽は人を慰めてくれたり、楽しくさせてくれたり、感動を与えてくれたりします。音楽を聴いて楽しむということも素敵ではありますが、自分で演奏することができると、楽しみはさらに広がります。もちろんプロではないので、それなりの演奏ではありますが、自分たちで音楽を演奏するということは、心と心を交わすのに非常に大きな効果があります。

私はためらうことなく、私の家族の第二の家訓として、「わが家族の全員はなんらかの楽器を演奏すること」と決めました。半ば強引な家訓ではありましたが、現在に至っては、家族みんながアンサンブルを楽しめるまでになり、子供たちは音楽を教育してくれてよかったと言ってくれます。間違いなく音楽は、わが家の家族のきずなを強めてくれています。ちなみに長男はギターとフィドル（バイオリン）、次男はアコースティック・ベース、長女はボーカルとパーカッション、妻はキーボード、そして私はリコーダーです。私たちは、私たちの楽団に「モペット・ファミリー・アンサンブル」と名づけています。

毎年四月に保育園では、新しい子供たちを迎えますが、私の保護者の方々への挨拶は次の言葉で終わります。

「結婚したからって家族はできません。子供ができたからといって家族はできません。家族は関係の中にあります。その関係をつくってくれる何かを家族が持つこと、探すことを始めてください」

親子を引き裂く長時間保育

現在、東京都福祉局が進めている保育施策に、延長保育というものがあります。それは都会生活を営む大人の夜型の生活に保育を合わせ、朝の七時から夜の八時までの十三時間、開所しておくというものです。十三時間といえば一日の半分以上で、延長保育を受ける子供たちは夜八時まで保育所で過ごすことになります。その子供たちは、いったいどこで夕飯を食べることになるのでしょうか。自宅に戻ってから食事ができるのでしょうか。残念ながら、自宅ではなく保育所で夕飯を出すことになるでしょう。

朝、親たちは出勤の準備に忙しく、保育所に通う子供たちのほとんどは会話もなく簡単な食事で済ませていることと思われます。朝食を食べない子供が増えているのも気になるところです。昼食は、保育所の栄養士が作成した献立で比較的バランスの取れた食事を食べていることでしょう。

しかし、仮に延長保育を受けるということになると、簡易ではありますが、夕食が保育所で用意され、それを食べることになってしまいます。子供たちがその夕食をとっているとすれば、忙しい親たちが家に帰ってから再び夕食を用意するとは考えられません。なぜなら、家に着くのは夜九時を過ぎてしまうような生活だからです。結局、家族そろって食事をする機会はないままに一日は終わってしまいます。

石原慎太郎都知事が「心の東京革命」の中で家庭の大切さを訴え、その行動目標として「家族団欒《だんらん》で食事をする」ことを掲げているというのに、東京都福祉局は家族といっしょに夕飯を食べることができないような政策をどんどん推し進めようとしているのです。このままでは保育時間が十三時間、十五時間とどんどん延長され、大人の夜型生活に子供の生活ペースがシフトしていくことになってしまいます。その結果、大人も生活することに息を切らし、子供たちも非常に心が荒廃するといった悲しむべき状況に陥ることは避けられません。

二〇〇〇年、シンポジウム「二十一世紀の子育てを考える」（チャイルド・リサーチ・ネットワーク主催）のために来日したサラ・フリードマン博士（ＮＩＣＨＤ：アメリカ国立小児保健・人間発達研究所）の調査報告では、米国では長時間保育とは週三十時間以上の保育を指すもので、一日六時間から七時間の保育がその平均的なものだと述べています。アメリカでさえこの程度の保育時間なのに、日本では十一時間の開所は全国的に統一されており、さらに二時間も延長して子供を預かることを推進しようとしているのです。

都市型の保育サービスは望まれているのか

東京都福祉局は「福祉改革ステップ２」を立ち上げました。産休明け保育や十三時間以上の延長保育などの実施を掲げて、都内の保育園をすべて都市型に転換するような施策を進めています。理由として、保育園への入園待機児が減少しないのは、既存の保育体制では都市型保育ニーズ、つまり都会の大人の生活や働き方に合わせた子供の保育ニーズに対応できていないからだとしています。

しかし、子供が生まれると、すぐ保育園に預ける風潮が広がる中で、さらに保育時間が延長されて家庭で夕食もとれないような環境下での育児は、決して子供たちによい影響を与えるとは考えられません。

「子どもを犯罪に巻き込まないための方策を提言する会」代表の前田雅英氏（東京都立大学教授）は、少年非行は「子供の生活習慣病」から出てきたものだと述べていますが、都市型保育サービスは、その「子供の生活習慣病」の発端をつくるようなものです。都市型保育サービスの一つの柱である長時間保育は、結果として親子の関わりを少なくし、子供たちの心に大きな暗い影を落とそうとしています。こうした問題が明らかであるにもかかわらず、東京都福祉局は親子の関わりをますます希薄にするような施策を加速させているのです。

ところで、このような状況を親はいったいどう思っているのでしょうか。平成九年、三百八十一の保育園で午後六時以降の延長保育を受けている千九百五人の保護者を対象に、学校法人白鳳学園が長時間保育に関するアンケートを実施しました。

「子育て上、配慮していることについて」という自由記述に対して、「時間がない」「忙しい」「つい子供をしかってしまう」「イライラしてしまう」などの回答がたいへん多く見られました。子供だけでなく、母親も疲れてキレやすい状態になっていることがこのアンケートの回答から読み取ることができます。

長時間保育は、結果的には日々の生活における大変さを、根本的な解決をしないまま夜の時間に持ち越しているだけです。延長保育は、働く女性の負担を軽くするために行われているはずですが、就業時間が長いと、それだけで親も疲れます。そもそも子供たちが夜の八時や九時まで保育園にいたいわけがありません。家に帰りたいに決まっています。子供のお迎えの時間が遅くなれば寝る時間も遅くなってしまい、子供たちは寝不足になってしまいます。育ち盛りの子供たちにとって睡眠時間は充分に必要なのに、寝不足では健全な生活を送れるとは思えません。

働き方の問題が、家庭生活だけでなく、子供の生活のリズムまでを壊しているのです。どうしてこのような問題点の多い都市型保育サービスが推進されてしまうのでしょうか。その都市型保育サービスは、果たして本当にみんなから望まれているのでしょうか。

二十四時間体制保育所のテレビ番組を観て

先日、あるテレビ番組で、二十四時間体制の保育施設を取り上げていました。週に二時間とか月に一日しか親に会えない子供を取り上げたドキュメンタリー番組でしたが、レポートは、「このような寂しい状況の中でも、保育園の園長先生といっしょに一所懸命努力して、元気に、そしてたくましく生きています」と締めくくられていました。

私は、テレビの画面に映し出された二人の子供の顔からぬぐい去ることのできない深い寂しさを感じてしまいました。確かに、親がいなくてもりっぱに成人して人生を生き抜いた人もいます。しかし、それを人生の艱難《かんなん》を乗り越えて、けなげに生きていく子供たちのように推奨するのは考えものです。

このような番組を観て、その子供たちが投げかけているメッセージをどのように受けとめればよいのでしょうか。

「うちの子はこの子に比べればまだ良い状態」と思うのか、「こんな状況でも、子供はなんとか生きていくのだから大丈夫」と安心してしまうのか、あらためて考えてみる必要があるようです。都内にはこうした施設がたくさんあり、またこうした施設がなければやっていけない状況にある方々もたくさんおられます。しかし、今後こうした施設は増えてはいけないと思います。

このテレビ番組の中に、あるシーンがありました。0歳の赤ちゃんがベッドの中で、自分でほ乳ビンを持ってミルクを飲んでいる映像です。それを見たときに私が思い出したのは、二十五年ほど前にテレビでベビーホテルのことがスクープされ、大きな問題になったことでした。床に寝かされた五、六人の赤ちゃんが、同じように自分でほ乳ビンを持ってミルクを飲んでいるという光景が映し出され、その衝撃的な映像は厚生省をも動かすことになったのでした。しかし、そのときに厚生省が取った施策は、「問題の解決をすべて保育所に任せる」ということだけだったのです。

驚くことに、東京都の認証保育所では生後十五日の赤ちゃんから預かるところもあります。十五日といえば、母親の床上げも終わっていない時期です。赤ちゃんにとって、母親との接触はまだ胎内からの延長として連続してなされることが必要な時期です。キャッチフレーズには、「ママである時間も、自分らしくある時間も大切にしたい。あなたのために生まれたママサポートステーション」とあります。医学的な必要があって預かるのならば納得できますが、これはどう考えても、子供のことはいっさい考えられずに、母親の都合だけが優先されているのではないかと思われます。

私の知人のベテラン保育園長が、ある事情で生後二週間の0歳児を預かったことがありましたが、「母親なしに生後間もない0歳児のケアをするのはとても難しいことだった」と語っていました。保育所で親の要望をなんでも受け入れるという姿勢は大きな問題であり、ぜひとも考え直していかなければならないことだと思います。

ヨーロッパに比べて児童家庭給付費の低い日本

「社会保障給付費に対する高齢者関係給付費と児童・家庭関係給付費の割合」（国立社会保障・人口問題研究所）という資料（次ページのグラフ）があります。この資料によると、一九七五年から二〇〇〇年まで右肩上がりで伸びている高齢者関係給付費に比べて、児童・家庭関係給付費は逆に右肩下がりであり、底をはっているような状態です。二〇〇〇年の資料では、社会保障枠のうち高齢者が六八・一%に対して、児童・家庭環境はたったの三・五%なのです。

では、社会保障が進んでいる北欧諸国ではどのような配分になっているのでしょうか（次ページ中段の表）。高齢者への給付を一〇〇とすると、児童・家庭への給付はノルウェーで四四・二%、デンマークで三四・二%、スウェーデンがいちばん低くて二九・五%という結果が出ています。日本の数字を換算してみると、わずか五・一%にすぎません。いかに日本の児童・家庭への社会保障額が低いかが分かると思います。

社会保障が少ないということは、いろいろなところにそのしわ寄せがくるということを意味します。十分な保育をするためには、やはり十分な保育士の数が必要になります。保

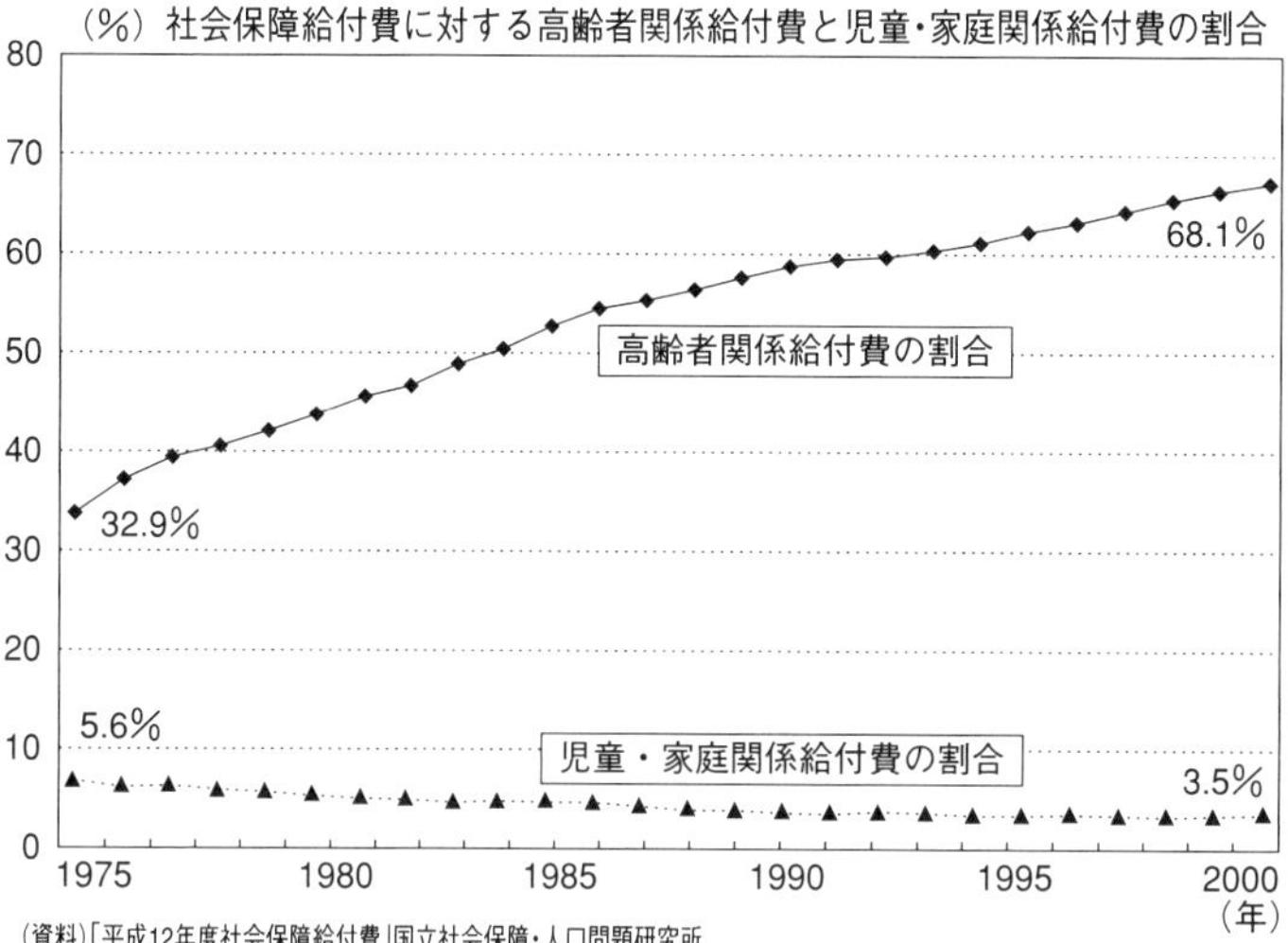

(資料)「平成12年度社会保障給付費」国立社会保障・人口問題研究所
(注) 高齢者関係給付費:年金保険給付費、老人保健(医療分)給付費、老人福祉サービス給付費、高年齢雇用継続給付費
児童・家庭関係給付費:医療保険の出産育児一時金、雇用保険の育児休業給付、保育所運営費、児童手当、児童扶養手当等

北欧諸国と日本の社会補償費費の一覧表

	ノルウェー 百万 NKr	デンマーク 百万 DKr	アイスランド 百万 IKr	フィンランド 百万 FKr	スウェーデン 百万 SKr	日本※ (　)内は社会補償給費に占める割合
(1) 児童・家族関係給付	43314	45789	14178	23742	71010	2 兆 7419 億円 (3.5%)
(2) 高齢者関係給付	97825	133678	33039	57959	240427	53 兆 1982 億円 (68.1%)
(1)/(2)	44.2%	34.2%	42.9%	40.9%	29.5%	5.1%

※日本の平成 12 年度の社会補償給付費は 78 兆 1272 億円
北欧諸国は 1999 年ノルウェー王国からの発表のものを使用、日本は平成 12 年（2000 年）度のものを使用

保育士の配置基準に関する主な改正経緯

○保育士の配置基準の充実
昭和 39 年改正
　満 2 歳未満　　10：1　⇒　満 2 歳未満　8：1
　満 2 歳以上　　30：1　⇒　満 2 歳以上 3 歳未満　9：1
　　　　　　　　　　　　　満 3 歳以上　30：1
昭和 40 年改正
　満 2 歳未満　　8：1　⇒　満 3 歳未満　8：1
　満 2 歳以上 3 歳未満　9：1　⇒　満 3 歳以上　30：1
昭和 44 年改正
　満 3 歳未満　　8：1　⇒　満 3 歳未満　6：1
　満 3 歳以上　　30：1　⇒　満 3 歳以上 4 歳未満　20：1
　　　　　　　　　　　　　満 4 歳以上　30：1
平成 10 年改正
　乳児　　　　　6：1　⇒　3：1(乳児保育指定保育所制度の廃止)

育士の配置基準の改定に関する経緯（前ページの下段）を見てみると、今から約三十年前に三歳児でようやく児童に対する保育士の数が二十人に一人の割合になります。四・五歳児は三十人に一人という、今から五十年も前の基準です。0歳児はずっと六対一でしたが、平成十年の改正でやっと三対一になりました。小学校ですら、三十人学級が進んでいます。乳幼児の数に対する保育士の配置基準が低く、保育園が大変な状況であることがお察しいただけると思います。

保育士を増やすということは、それだけ人件費もかかるということです。今東京都では、低い認証保育所の基準に合わせて、認可保育園の諸費用のコスト削減がなされています。これによって補助金を抑えようというのです。そのためにどのようなことが保育現場で起きているかといいますと、経験を積んだベテランの先生をリストラし、経験の浅い先生をパートとして雇うことが広がっているのです。

本来、子供は母親の手で育てられることがいちばん望ましいのでしょうが、事情によってそれができない子供たちですから、せめて経験豊富な保育士のもとで育てたいものです。また、保育士の頻繁《ひんぱん》な交代は避けなければなりません。しかし、経済効率を基準に考えると、それすら許されないのが日本の現状です。都の政策は、その現状をさらに悪化させようというのではないでしょうか。

いま、保育園で

現在の日本では女性の有職化が進むとともに少子化に拍車がかかり、出産しても産休明けにすぐ復職したり、また育児休業も十分取らずに仕事に戻る女性が増えています。女性が生き生きと仕事をすることはすばらしいことかもしれません。しかし、親には家族に対して責任があるのです。

今、保育園では０・一・二歳児の保育が急速に増えています。０歳児保育は平成元年で０歳児全体の三・五％程度であったものが、平成十四年には一・八七倍になっています。東京都における０歳児保育の実施率は一一％にも及んでいます。

０・一・二歳の時期は、母子間の信頼関係をしっかりつくりあげる時期で、この時期に赤ちゃんはいちばん信頼できる母親に依存しながら人間に対する信頼感を築きあげていきます。母子関係が人間社会の基礎であると言われる所以《ゆえん》です。その母子関係をつくりあげる重要な時期に、子育ての外注化が広がっているのです。

平成十五年一月の『毎日新聞』に、働きすぎる母親の話を紹介した「娘のために」という連載がありました。

生後三か月のときから保育園に預けられていた娘は、一歳ごろまで、週末になると必ず母親を求めるかのように熱を出します。「赤ちゃんなのに、親がいつもいないことが分かっているのか」と母親は気が引けたそうです。しかしその母親は、「子供を持つ女はダメだと言われたくない」と自分に言い聞かせ、仕事をがんばりました。

その子が三歳になったとき、母親は子供の異変に気づきます。同じ年ごろの子供に比べ、行動が消極的なのです。気をつけて見れば、母親への執着が異常に強く、毎晩、寝るときには母親の両手を握って離さないのです。一時間も二時間もたって、ようやく寝付いたと思って手を離すとその子は目を覚まして大声で泣くというような状況が起きました。さらに、ショックだったのは、その子が保育園で描いてくる絵でした。娘が描いてくる絵にはきまって目の下に点々があり、「これ何？」と母親が尋ねると、娘は「泣いてるの」と答えたのです。これには、母親も「私は間違っているのか」と自問せざるを得ませんでした。

結局、職場の上司に相談して定時で帰宅できるようにしたようで、母親の生活が安定してからは、娘は徐々に子供本来の明るさを取り戻していったそうです。

しかし、私はこの子が思春期を迎える時期が心配になりました。子供の心に刷り込まれた不安が、亡霊のように呼び戻ってこないだろうかという心配です。拒食、過食、リストカット、引きこもりなど、思春期を迎えた子供たちの心の問題が深刻です。そうならないことを心から願うしかありませんでした。

多くの保育園でも、この女の子のように強い不安を抱えた子が増えています。そういう子の中には、不安で人との関わりに消極的であったり、自分を守る裏返しの行動として相手が何もしていないのに、友だちを噛《か》んだり、蹴《け》ったり、叩《たた》いたりすることが見られます。そういう行動が長時間保育となんらかの関連性があるという報告が、米国立衛生研究所が行った十年間に及ぶ一三六四人の乳幼児の追跡調査で明らかにされていますが、そうした傾向は私の保育現場でも思い当たります。

保育園の真の役割とは

本来であれば、子供が三歳になるまでは育児休業が完全に実施されることが必要です。そしてその間、児童手当が十分に出され、安心して子育てができるような制度を作ることが大切です。「つどいの広場」や「子育て広場」がたくさんあれば、密室育児などという状況も起こりませんし、子育ての不安に対しても、専門家に気軽に相談できるようになるでしょう。いちばん良いのは、子供が母親を必要としている時期に、極端に母親から分離させないことです。私の保育園でも子育て広場を併設していますが、そこに来る母親と子供たちは本当に幸せそうな顔をしています。人間にはこういう幸せな時期がなくてはならないと思います。

しかし、日本の世の中、まだまだそうは言えない状況がたくさんあります。現実に0歳から子供を預けて仕事をしなくてはならない状況の方々もたくさんいます。そうした方々を応援しながら、私が理事長を務める共励保育園では、親が親として育つ手助けをする保育園をめざし、その実現へ向けて実践しています。

子供たちは、毎日毎日、目覚ましい発達をしています。この子供たちの成長発達は親にとって大きな喜びになります。そして、その子供の成長を親が心から喜べるような場を保育園が提供できれば、どんなにすばらしいことかと思っています。

私は、親が保育園でいろいろな人と関わり、多くのことを経験しながら「親心」を持つ親として、子供に対する気持ちを育てていってほしいのです。そしてそのことが、人間としての幸せをもたらしてくれると思っています。実際、子供たちからもらう幸せは、お金では買うことのできない、とても大きいものなのです。

保育園では、仮に0歳から入園すると就学までに六年間あるので、親に対するフォローを長期戦で取り組めるという長所があり、子供の変化を親に気づいてもらいやすい環境下にあると思います。親が親になっていくために、私の保育園ではどんな応援ができるのか、また実際にどのようにしてきたかを次の項で具体的に紹介したいと思います。

大切な入園決定時の対応

幼稚園を選ぶとき、親たちはいろいろと調べたり、または近所の評判などを聞いて決めると思います。そして、入園のために園長先生と会って、その園の方針を聞き、了解したうえで子供を入園させるわけです。

では、保育園の場合はどうでしょうか。もちろん親にはそれぞれに希望の保育園はあると思いますが、保育園の場合、入園決定は保育園ではなく、区市町村の役所で行うのです。役所では、入園希望者の要望に添って、コンピューターで「保育に欠ける」という要件の強い順に、第一希望から入園を決定していきます。保育園の受入数が少なかったりすると、第一希望の保育園には入れず、第二希望や第三希望以下の保育園に決まったりもします。

一般的に、第二希望や第三希望の保育園などは調べもしません。人の心としては、第一希望に入ることしか頭にないはずです。多くの場合、第二希望や第三希望に決まった人は、最初から不満を感じながらその保育園に入園させることになります。

私の保育園では、ビデオ等を使って内容を一時間程説明するのですが、今期はこの説明を五回も行いました。十一月に入園希望者に説明を開始するのですが、三月末に入園が最終的に決定するまで、市役所のコンピューターで決められた人たちが集まるたびに説明をしなくてはならないのです。しかし、ここできちんと説明して、共励保育園の方針を理解してもらったうえで入園に至らないと、のちのち保育現場の先生方が大変な思いをしなくてはならないので、決して手が抜けません。

私は、0歳から一歳の母子関係が大切であることや、子供を育てることの幸せなどを話したうえで、家庭における役割は保育園では代替できないことなどを説明します。そして、共励保育園に入ると、一年の流れの中でいろいろな形で保育園との関わりをもってもらうことになること、お母様方に作ってもらうものも普通の保育園より多いことなどを話します。

仕事を最優先に考えている人は、この保育園を選んだことは間違いかもしれないとはっきり説明し、了解を得てから入園手続きを取ってもらうようにしています。

0・一・二歳児は細かい問診を行ってから、保育園の生活が始まります。四月はとにかく大変です。子供たちも、生まれて初めて親から離れて新しい生活をするので、慣れるまでてんやわんやの毎日です。二歳児などは、子供六人に一人の保育士ですから、おんぶに抱っこ、それに両脇に二人を連れて子供たちの心をなだめるなどということも起こります。

それでも、まだ二人に対応できないことになります。

慣らし保育は大切です。急激な母子分離を避けるために、徐々に保育園や保育士に慣れていってもらうことが必要だからです。私には一時預かりのような保育は考えられません。もちろん、さまざまな事情で致し方ない場合は対応しなくてはなりませんが、親のレジャーや息抜きのための一時保育などは言語道断です。それを国や都の行政が推進するのですから呆《あき》れてしまいます。

保護者面談の大切さ

最近、保育園には心になんらかの問題をもった子供が多くなってきました。その多くは母親の愛情を求めているケースです。ところが当の母親は、忙しすぎたり、子供に心が向いていないのです。

こうした状況では、さまざまな反応が子供たちから出てきます。落ち着かず、走り回ったり、奇声をあげたり、何もしないのに相手を噛んだり、ぶったりするのです。どれも親の関心を必死に自分に引きたいという心の表れです。また、子供が本来的に持っている天使のような笑顔が消えてしまったり、親との関わりをあきらめて無表情になったりもします。

そういう状態の子供を見つけると、保護者面談で両親にそのことを上手に伝えるようにしています。最初は関心なく全然聞こうとしなかった親たちも、子供の状況を正確に伝えていくと、耳を傾けてくれるようになります。

入園したてでは、まだ保育士との関係もできていません。突然指導的なことを言っても反感を買うだけです。そこで保育士は、保育園での子供の生活を通して、子供のかわいさ、子供の変化、様子などを伝え、徐々に母親との人間的な信頼関係をつくっていきます。そうしたうえでないと保育士の言葉は、いくら大切なことであっても保護者の心に届かないのです。

面談で、家庭での生活の様子をゆっくり伺うと原因が見えてきます。この「ゆっくり伺う」が大切です。話の中で、子供の行動の意味を伝えたり、問題点を整理したりしてあげると、母親も思い当たることがたくさんあると言ってくれるようになります。こうなると、子供の問題は徐々にではありますが解決へと向かいます。

二歳ぐらいまでに子供の持っている問題を上手に伝えることができると、親は自分の子供への接し方を見直してくれるようになります。三歳で少しずつ親が変わりはじめ、四歳では子供自身の変化が見られるようになります。

ところが、親が気づいてくれず、子供への接し方を変えてくれないと、問題は五歳になって一気に爆発するようになります。そしてその問題は小学校へと持ち越されます。「小一プロブレム」はこのようにして起きています。こうなると、問題の解決には、二歳や三歳で対応する十倍も二十倍も努力が必要になってしまうので、そうならないためにも、親は子供が二歳ごろまでに気づいてもらいたいのです。昔から「三つ子の魂百まで」と言われますが、これは本当のことだと思います。

親の仲間意識を育む親子遠足

子供たちが保育園の生活に慣れたころ、新緑の五月に親子遠足があります。普通、幼稚園や保育園で行われる遠足というと、バスを仕立てて遊園地などへ行き、そして、遊園地に着いたら自由解散になり、その間、保育士は遊園地を巡回し、帰りの時刻になったら集合をかけてバスに乗って帰るというのが、一般的なパターンと聞いています。

私の保育園では、そうした形の遠足は今から十五年程前に改めました。遠足は公園などに現地集合です。電車でも自家用車でも行ける場所を選んであります。あらかじめ参加者はグループに分かれて、グループで行動することになっています。お弁当を食べる場所まで、各グループは地図を頼りに進みます。途中、クイズが置かれていて、みんなで相談しながら解答を考えます。クイズは子供の問題、大人の問題があり、子供は子供なりに、大人は大人なりに楽しめるように仕組みます。子供たちの保育の様子から出題される問題もあり、親たちも楽しみながら保育園のことを学ぶことができます。また、大人への問題は仲間で相談しないと解けないようになっているので、親どうしが自然と話し合う機会が生まれます。最近は携帯電話やインターネットを使って何でも調べられるので、問題を作る側も楽ではありません。

こうして保育園のみんなといっしょに遊ぶうちに、親子だけでなく、親どうし、子供どうしも打ち解けてきます。子供の遊びも年齢に応じたものを選びます。三歳児は水遊びが十分に楽しめる所を、四歳児は大きな公園でダイナミックな遊具のある所で父親も母親もいっしょに遊べる所を選びます。

この遠足の大きな目的は仲間をつくるということなので、グループ活動を多く取り入れるようにしています。お互いが車に便乗して行くことで仲良くなれます。

そして楽しいお弁当の時間です。父親は、ないしょでビール一本は持ってきてよいということになっており、それを楽しみに参加する父親もいるようです。もちろん運転手は禁止です。

食事のあとは、体を使った楽しいゲームや歌をみんなでいっしょにやります。中には集団活動をするのに慣れておらず、なかなかやる気になれない人もいるようですが、それでも参加していただきます。親子ゲームにすると、やらざるを得ない雰囲気に包まれて皆さんが参加してくださいます。最初はしぶしぶ参加した人も、最後は童心に返って子供のような笑顔になっているのを見ると、私まで嬉しくなります。

五歳になると高尾山に登ります。五歳児の高尾山登山は母親にとって大きな試練です。ふもとから自然路を通って一丁平まで行きます。途中、道は細く険しい所もあり、運動不足の方には厳しいようです。でも子供たちは平気です。毎年のアンケートには、「子供は泣き言一つ言わずに最後までよくがんばったと思います」「ふうふう言っているのは親ばかりでした」「親子のきずなが深くなったことは間違いありません」「『お母さん大丈夫？ここ、気をつけな。転ばないようにね。ほら滑るぞ、ぼくにつかまって』などと言われ、その姿に嬉しくて、寂しくて涙が出てしまいました」など、子供たちの成長に嬉しさを隠せない内容がたくさん書かれています。父親たちも三十名ほど参加してくださり、斜面を転がりながら子供たちと遊ぶのが恒例となっています。

こうした活動によって、まず親も子供も仲間意識が芽生えます。ほかの親子を見て学ぶことも多いのです。そして、さらに子供に対する関心がわいてくるから不思議です。親子遠足以外に秋・翌年の春には園外保育を行い、父親の自主的な参加を募ります。参加した父親は、そのときは自分の子供だけでなく、わが子以外の子供のめんどうも見るので、だんだんと子供というものが分かってきます。まさに親になるための勉強ができる大きなチャンスが与えられるのです。

運動会は魅力的な行事

子供が保育園を卒園しても、毎年参加してしまうという父親がいるぐらい人気があるのが共励保育園の運動会です。毎回、千五百人ぐらいの人が集まります。

親の種目が四割、子供の種目が四割、親子の種目を二割とすると、子供への負担も少なくてすみます。その分、親の出番はほかの保育園と比べて多いかもしれません。

運動会ではいろいろなドラマが生まれますが、五歳児のリレーは格別です。クラス対抗ですので、クラスの全員がそれぞれのベストを尽くさなくてなりません。勝つための工夫を保育士を交えて考えて、練習に励みます。中にはプレッシャーで心が揺れ動く子供もいますが、そうしたプレッシャーを乗り越えていく力を育てていくことが大切です。本番までにみんなで応援しながら一人ひとりの役割を果たせるよう高めていきます。そこにはさまざまな感動が待っています。

運動会当日、わが子が必死に走る姿を見て心打たれない親はいないと思います。子供が一所懸命に走り、感動した父親が「おまえ、よくがんばったな」と声をかけます。次は父親の出番です。直径九メートルのパラシュートをリレーで運びます。出番を待っている人もぼんやりしているとそのパラシュートに巻き込まれたりするので気が抜けません。けっこう真剣勝負になって人気があります。

親のがんばる姿を子供にも見せることは、子供のがんばろうという気持ちにもつながる大切なことです。働いている姿を見せてあげることで、その厳しさを伝えることもいいのですが、運動会などの開放されたスペースで、日ごろ見たことのない父親のすごさを見せることはすばらしいことです。きっと子供たちの心に残る名場面になるに違いありません。お昼には母親が作ったお弁当を囲んで、話に花が咲くはずです。運動会の最後の挨拶は「子供たちは、お父さん、お母さんの応援を食べて大きくなります」で閉めくくられます。

運動会が終わったあとに親を交えての反省会がありますが、ここで感動的な場面の話で場が盛り上がります。運動会のことだけでなく人生相談なども出てきて、バラエティーに富んだ内容になります。運動会で親どうしも気持ちが分かり合えるので、初めて〝何かを話してみよう、相談してみよう〟という気持ちになるのでしょう。信頼関係というのはそのようなところから生まれてくるのだと思います。

運動会が終わったあとでは、子供の送り迎えに来た親どうしが顔を合わせると、みんなが嬉しそうに目を合わせています。何か特別なひと時を共有したという連帯感ができたようでもあります。子育ても一人ではないのです。私たちの大切な子供をみんなで守っていくという気持ちが生まれるのでしょうか。運動会は子供の成長を通して親が親として育っていく大切な場であると痛感します。

「活動発表会」に見る子供の成長

運動会が終わってから二か月間、子供たちは「ごっこ遊び」に浸《ひた》りきります。その「ごっこ遊び」はやがてストーリーができ、大道具、小道具が作られて、保育士の応援で音楽が加えられると劇に変身していきます。もちろん、こうした展開ができるのは四、五歳児です。中でも五歳児はストーリーも子供たちが組み立てていきます。すでにある物語を劇にするのではなく、自分たち独自のものを創《つく》っていきます。五歳にもなると、それぞれがやりたいことを主張してくるので、まとめる保育士はかなり大変だと思います。どういう言葉を使うかとか、このときの気持ちはどうだろうかなど、子供たちの意見を聞きながら劇の組み立てを手伝います。こうした劇作りに二か月間取り組み、十二月には「活動発表会」としてお父さんやお母さんに見てもらうのです。

ある年の発表会の前日、ゆり組の劇には数字を使って競うゲームが組み込まれていました。劇はゲームの勝負によってストーリーが違う展開になるよう組まれていました。ところが、一人の子がその勝負に負けたことを受け入れないために、劇が中断してしまいました。普通は勝負に負けたほうが譲らなければならないのですが、いくら説得してもその子はなかなか譲ることができないのです。みんなの心の中に、このままではせっかく二か月も練習したのに、お母さんたちに見せられなくなってしまうという不安がよぎりました。

保育士の援助を受けながら、子供たちは話し合いを始めました。

すると、一人の子が言い出しました。

「あの子はいつもルールを破るから劇はしないほうがいい」

すると、もう一人の子が言います。

「いや、ダメだよ。せっかく二か月もいっしょうけんめい練習してきたんだから、みんないっしょにやらなきゃ」

いろいろ話し合った末、子供たちは子供たちで話をつけ、ルールを破る子に約束を守るように言いきかせ、もう一度練習をしようという結論を導き出したのです。

傍観していた私は、成長した彼らに感激しました。彼らは保育園での六年間で、ルールの大切さを自然と身につけて育っているのです。子供は親の知らぬ間に、心も体も成長しているのです。発表会本番では、立派に劇を演じました。心配していたルール破りもなく、ご両親方から大きな拍手でたたえられました。

子供たちは終わった後に「おつかれさん」などと声をかけ合い、いっぱしの役者気取りです。これには思わず笑ってしまいました。親は、この成長をぜひ見逃さないでほしいと思いました。

保育展

「活動発表会」が終わると、いよいよ一年間の総決算である、二月の「保育展」を迎えます。０歳から五歳児までの一年間の保育・教育活動から生まれた作品を一堂に飾り、家族の人たちに見に来てもらいます。

共励保育園の保育カリキュラムの核は、言語教育、数の教育、そして基礎技能です。基礎技能とは、指先の技能を高める活動が主になります。糊《のり》やはさみ、クレヨン、絵の具、折り紙など、子供たちが好んでする活動を繰り返し繰り返し行うことによって、好きになってもらい、手先指先の技能の高まりをめざします。子供は体で考えるとも言われます。モノづくり日本の教育の原点であるとも思っています。こうした基本的な教育活動に加えて、芸術的な活動もあります。

保育展では、子供たちの発達段階を保護者の方々が理解できるよう、そして子供たちの成長が楽しみになるよう子供たちの作品活動が展示されます。

例えば、一歳から五歳の子供たちそれぞれに、自分の父親や母親の絵を描いてもらい、それを展示します。一歳児での描画活動は、単なる腕や手の運動そのままです。鉛直《えんちょく》・水平方向の運動や、ぐるぐる巻きが画用紙に描かれます。やがて、少し成長すると線が閉じ丸に描かれます。そうすると子供はそれに、母親だとか、電車だとか、自分の好きなモノの名前を付けたり、意味付けを行います。

やがて、その丸の中にさらにいくつかの丸が描かれて、人間の顔になっていきます。

二、三歳ころになると、単なる線画であったものに面の意識が芽生え、中が塗られていきます。頭や顔から、突然のようにひょろりと線がでて、それが手や足だったりします。三歳のころの父親や母親の絵は、だいぶ人間の顔らしくなってきます。雰囲気が本当に子供たちの父親や母親に似ていたりするので驚いてしまいます。

四歳や五歳になると、絵はさらに精密で自分が描きたいと思うようになり、描くことに一所懸命取り組む姿が見えてきます。五歳ではさらに物が見えたように描く力がついてきます。字が書けるようになっていますので、絵にコメントを付けてもらいます。「おかあさんはやさしいです。なぜならわたしを　れすとらんにたべにつれていってくれます」とか、「ぼくのおとうさんはりっぱです」などというコメントもあります。父親の少々薄くなった髪の毛を実際よりも多めに描いたりする、相手に対する思いやりのようなものが育ってきています。これは母親からのアンケートで分かりました。

毎年の保育展のアンケートには、「自分なりに、最後までやりぬくことの自覚や自発性が出ていたことに子供の成長を感じました」「家に帰ってから、紙芝居を作ったり、ゲームを考えたりと、自分で何かを作り上げる楽しさを学んだ様子でした」「四人で十年間、共励保育園で良かったと感謝しています。いちばん教育してもらったのは私たち親でした」などという子供たちの成長に驚き、喜ぶ親の声がたくさん届きます。保育園はこうした活動を通して、親が親として育つ機会をたくさん設けることができます。

子供たちの自分づくりと社会的自我の育成

子供たちは親との関わりを通して、自分づくりをしていきます。

0、一、二歳児では、自分の唯一の拠り所は自分の母親です。他人の母親でも保育士でもありません。このことを親たちは深く認識すべきです。

安心できるから反抗できる、反抗できるから、自分の世界をつくることができます。この時期、子供たちの自我は母親を通してつくられていきます。

やがて三歳ころになると、世界が広がり、友だちとの関わりができてきます。でもまだ言葉を通して十分なコミュニケーションは取れません。いっしょにいることが楽しい時代です。それが四歳になると、ルールや約束を媒介して、友だちとの関わりを深め、広げていきます。一方では、自分が思うようにしたい、自分の望むモノが欲しいなどという内面の強烈な突き上げを持ちながら、ルールに従ったほうが、遊びがもっとダイナミックになり、さらに大きな喜びをもたらしてくれることを知っていきます。まだまだ幼いものではありますが、脳の前頭前野の発達とともに、こうした社会的自我は五歳児の段階で大きく育っていきます。

こうした子供たちの健全な育成を図ることができ、子供たちの成長を通して、親が親としての役割に気づき、親自身が成長することを図ることができたら、保育園はその基本的役割を果たしていると言ってよいでしょう。

保育園は単に子供を預かる場所ではありません。さまざまな活動を通して意図的に親も参加する場を設けていかなければなりません。そうした活動の中で子供の成長を目の当たりにすることで、自然に子供をいとおしく思う親心が育つのです。そうやって親は子供たちから幸せをもらうのではないでしょうか。そのお手伝いを保育園ができたらすばらしいと思っています。

幼児教育から親の学びへ——大切なのは家庭の力

最後に、家庭の力のすばらしさを強調させていただきたいと思います。どんなにすばらしい保育園、幼稚園に入園させたとしても、いちばん大事なことは家庭の力だということです。家庭は子供たちの教育の原点です。同時に親は最終責任者です。親である私たちが、その家庭を子供のために築いていくことがもっとも大切なことなのです。それを応援することが保育園の重要な役割であると言えるでしょう。

子供を育てることは、決して簡単なことではありません。仕事を持つ母親が増え、すべてを子供にささげることはできないかもしれません。また、大きな迷いや挫折があるかもしれません。しかし、子育ては、あれこれ悩みながら親自身が行わなくてはならないのです。そして、その悩みの中に幸せがもたらされるのです。子育ては神が与えてくれた人類崇高な仕事です。その仕事を親がしなくなったら、人類は次の世代への引き継ぎを失うことになります。

子供は、私たちの未来を担う大切な宝物です。そして私たち大人に本当の幸せとは何かを教えてくれる存在です。その子供たちを育てるために、親として親となるべき事柄を積極的に身につける努力が必要であると思われます。もちろん、そのために保育園は意図的にいろいろな取り組みを行い、子育ての応援をしていきます。

子供の成長を通して親が親としての役割に気づいていくこと、子供の成長がどれほどの喜びや幸せを与えてくれるものかを知っていただくことができるようこれからも努力を重ねていきたいと思います。

第六章

心の教育はなぜ必要か

――母親の立場から

益田　晴代

心とは何か

人は誰でも心を持っています。心を持っているからこそ他の動物と区別されるのでしょう。ところが、人だけが持っている心がどのようなものか、その構造や仕組みははっきり分かっていません。少し分かっていることは、「心が喜ぶ」「心が悲しむ」「心が安らぐ」「心が苦しむ」といった感情は、多くの人々に共通する心の感じ方であるということです。つまり、人の心は、誰もが同じように感じることができるのです。例えば、他人の不幸や悲しい出来事が起こったことを聞いて、喜ぶ人はいないでしょう。誰もが〝かわいそう〟という同情や思いやりの心が働きます。もし、不幸や悲しみを喜ぶ心が湧《わ》き上がる人がいるとするならば、その人は本当の人間の心を持っていないのかもしれません。長年にわたり、トラブルを抱え対立している相手でも、その人に大きな不幸が訪れれば、心の中に起きるのは、哀れみの心ではないでしょうか。それが人の持つ心の特性なのです。そのようなことを考えたとき、私は「心とはいったい何か」という疑問を持つようになりました。

昔から、「心ある人」「心ない人」という言い方をします。心ある人とは、どのような人を言い、「心ない人」とは、どのような人を言うのでしょうか。

家庭の平穏を心がける人、周りの人々に心くばりができる人、社会的な貢献心を持っている人など、「心ある人」とは、自分以外の人々を思いやる心を持っている人を指しています。つまり、心ある人とは、よい心を持っている人。心ない人とは、その反対のよくない心を持っている人ということになります。

心は、人だけが持つことのできた宝物ですが、私たち現代人は、この心に対してこれまで無関心であったように思います。この素敵な宝物である心は、大切に扱えば扱うほど、ますます光り輝きます。美しいものに目を向け、美しいと認めることで、心は高まり、無限の輝きを放ってくれます。清らかさに感動し、温かさに触れて高まり、発展する能力を持っています。しかし、その反対に心の扱いを粗末にし、他人の悪口を言ったり、否定したり、価値を認めないというよくない心をいつも持っていると、よい心は小さくなって、いつか消えてなくなってしまうように感じます。このような仕組みになっているのが、人だけが持っている心の性質ではないだろうかと、私は考えています。

自分の持っている心を宝物として、大切に扱い育てていくことができている人は、いつも心が輝いていて、自分に自信と生きがいを持って生きていくことができます。自分の心を宝物として認めることができていない人は、いつも心が迷って、確信を持つことができずに自信のない人生を進まなければならないでしょう。

このように考えたとき、どちらがよりよいことであるかは明確です。人だけが持つことのできたかけがえのない心の価値を再確認し、その成長とその仕組みをあらためて考えることが必要ではないでしょうか。

心とはどのように発達するのか

さて、心とはどのように発達するのでしょうか。これを理解するには、専門家や研究者の研究結果を参考にすることから始めるのが大切です。その分野の専門家から、意見を聞くことは重要なことです。

心の発達を理解するには、まず、人間の脳を理解することが大切です。現在の脳科学は驚異的発展を遂げ、脳に関してさまざまなことが分かってきました。それによると、脳の構造は、音楽や絵画を理解する部位や、計算や数を処理する部位などさまざまな部位からできていて、心、つまり情感や情緒の発達に関係しているのは前頭葉と呼ばれる部位であることが分かっています。そして、前頭葉は胎児期に最も発達し、誕生後、五、六歳で成人に近づきます。つまり、心の発達も胎児のころからもうすでに始まっているのです。こうした脳の発達の仕組みが科学的に解明されたことは、子育てをする親たちの画期的な助けになります。

0歳児教育の先駆者である㈱ソニーの創立者・井深大《いぶかまさる》氏は、妊娠初期からの胎児教育を始めることで、母と子のきずなが深まり、親の愛がへその緒を通じて赤ちゃんの心に伝わっていくことを明らかにしました。このことにより、多くの女性たちは、「胎教とは、英才教育や才能教育ではなく、子供の人間性を育てることであり、バランスのよい心を育てる、豊かな心を育てるためのものである」という胎教の意義を知ることができました。

胎児のころから両親が愛を込めて、おなかの中のわが子にコミュニケーションを働きかけることが、胎児の前頭葉の発達をうながします。それが、豊かな心をつくる基の種を植え込むことになって、誕生後、心の中に花が咲くことになります。この時期、この関わりができた子供と、できなかった子供の違いは、後々に人間形成の大きな差になってくることになります。

胎児期から乳幼児期の三歳までに、親子のコミュニケーションをしっかりと取っていただきたいと思います。それが年を経てから表われてくる親子の幸せな関わりの基となるからです。

妊娠・いのちの誕生

私たちは母親の胎内で十か月間を過ごし、母親の尊い使命感のおかげで、この世に誕生することができました。自分の誕生はあたりまえのことと思っていて、あらためて考えることもなく過ごしてきましたが、自ら妊娠・出産・子育てを経験して、それはとんでもない思い上がりであったことを反省させられました。両親からのすばらしい賜物であるいのちの誕生を、恥ずかしいことに、私はやっと分かることができるようになりました。

昔より言い伝えられている諺《ことわざ》に、「子を持って知る親の恩」という言葉がありますが、絶妙のたとえです。これは、わが子を産み、育てて初めて知ることのできた「人間を育てること」の困難を通して自分を育ててくれた親への感謝を表しています。

また、感動的ないのちの結合の瞬間について、ある本に次のように書かれています。

一億個のうち、わずか百個の精子が卵子に辿りつくというわけです。しかもようやく辿りついても、一個が卵子に結合したら、卵子は強い膜を張ってしまい、ほかの九十九個の精子の侵入を遮断するのです。

受精から始まる赤ちゃんの成長、そして出産のメカニズムを「不思議だなぁ」という想いでみつめています。現在の科学の力では解明できない……神秘ともいえますね。

重要なのは、いのちを認識することです。

（大島洋・竹村欣三共著『お母さんになる日』校成出版社）

いのちの誕生のきびしい掟《おきて》と神秘に驚くとともに、いのちの誕生の仕組みと過程を私たちは認識しなければなりません。その仕組みと過程を知ることによって、いのちを尊び、敬うことができるのではないでしょうか。学校教育、特に小学校低学年の子供たちに教えなければならないことは、いのちの誕生の仕組みと、私たちのいのちは尊いものだということです。子供が親になったとき、いのちの誕生の仕組みと尊さが伝わっていれば、妊娠や胎教について正しい取り組みができるでしょう。

私は四人の娘を育てましたが、初めて妊娠していることを知ったとき、それまで意識したことのない、不思議な思いにかられました。〝それまで全く存在しなかったいのちが、新しく私のおなかの中にできた〟という不思議な思いは、私の経験の中で最も新鮮で輝かしいこととして心を揺さぶりました。あの思いこそ、遠い過去から伝わる、人類のいのちの尊さと歴史の重さだったのだと実感しました。大自然から女性の体だけに与えられた「受胎」という、新たないのちを体に宿したものだけが感じることのできる、宇宙と一つになったというひと時であった思います。

後に、平成十年、母親たちにいのちの誕生のすばらしさを伝えたいという気持ちから、『華の母性』（里文出版）を執筆しようとしたとき、とても感動的な不思議な夢を見ました。それは次のようなものでした。

石の家の中に二人の女性が椅子に座っていました。その部屋は全く殺風景な石造りの部屋で、家具らしきものが見当たりません。女性が座っている椅子は、石を削って造ったものです。二人は全く同じ色のトルコブルーのワンピースをまとっていました。化粧はしておらず、さわやかな素顔の実に気品のある美しい顔でした。見ると二人ともおなかが大きく、妊娠中の女性でした。何か交互にうなずきあいながら、お互いのおなかにそっと耳を当てています。しばらくすると、一人の女性が相手の女性におなかの中のことを話していました。その報告を聞いているもう一人の女性の、なんと嬉しそうで素直な笑顔であったことか……。そしてさらに不思議なことは、その石造りの部屋が温かな幸福感に包まれて、表現することができないような豊かで素敵な雰囲気に満ち溢れていました。

目覚めた私は、しばらくの間、言葉にできないほどの幸福感に包まれていました。二人の女性は私がまだ一度も会ったのことない人でした。そして、その石造りの部屋も一度も入ったことのない部屋でした。わずかに記憶に残ることは、二人の女性の美しく彫りの深い顔は、東洋人ではないことと、何一つアクセサリーがついていないトルコブルーのドレスは西洋の衣服だったことです。石で造られていた部屋も日本では見たことのないものでした。

夢のことを早く言葉に出したくて、朝食の準備をしながら長女に話しました。

「お母さん、明け方、不思議な夢を見たの……」

夢のあらましを長女に話しました。長女は私の話を聞き終えると、なんのためらいもなく言いました。

「その女性って、マリアさまと、ヨハネのお母さんだと思うわ！」

「えっ！」

私は思わず大きな声を上げ、続いて長女に聞き返しました。

「どうして私がそんな夢を見るの」

「それは分からない。でも、ママの話を聞いたとたん、そんな気がしたの」

私は妙な気分になりましたが、長女に言われた言葉を信じたいという気持ちが強くなっていきました。それほど、夢を見たときの幸福感は大きく、その感激は忘れられないものでした。

その後、時間の経過とともに、その夢のことを忘れていましたが、最近になって、実際にあのときと同じような豊かな幸福感に包まれることがありました。それは街角や電車の中で、赤ちゃんの姿や赤ちゃんの無心の笑顔に出会ったとき、あの清らかで美しい二人の母親がおなかの中の小さないのちの動きを伝え喜びあう姿が、鮮やかに私の心に浮かぶようになったのです。赤ちゃんに出会うことは、私にとって至福のときなのです。

子供への願い

子供を育てた体験がある方は、子供にいちばん何を願われたでしょうか。

私が子供を育てる中で強く願ったことは、だれからも好かれて愛されてほしいこと、健康で長生きをしてほしいこと、そして困難に出会ったときに逃げ出さないで乗り越えられる人でいてほしいということでした。この三つが親として子供に願う願いでした。

その三つを備えた子供を育てるにはどうしたらよいのでしょうか。これは子育てをするすべての親の大きなテーマではないかと思います。三歳以降の教育に関しては、社会の中にある幼児教育の専門家に任せる部分もあるとして、三歳までの教育は家庭教育を母親と父親が協力して行うのが理想的だと思っています。

三歳までの教育については、保育園でも非常に重点的にとらえて、研究がどんどん進んでいますが、三歳までの基本となる教育は、親が行うことがよいのではないでしょうか。

その理由は、〝子供の一生の基礎をつくるであろう乳幼児教育において、大切な自分の子供を人任せにできるのか〟という疑問が、私自身の子供の成長を見ながら湧き上がったからです。他人がうまく子供を育ててくれて、「他人に育ててもらってよかったわ」としても、結果において他人は他人です。わが子の問題に最後まで責任を持ってくれるわけではありません。親が子供の一生の「責任」を負う。「責任」という言葉で表現することは適切ではないかもしれませんが、子供と共に生涯を歩むという、この厳然たる事実だけは親になる人はしっかり心得ておかなくてはなりません。

やむを得ず、赤ちゃんを保育園や幼稚園に預けて仕事をしている場合でも、短い時間にどれだけ子供との関わりを意識するかということが、育児の大きな課題です。〝ただいっしょに長くいるから私は親です〟ということではないと思います。短い時間の中でも、「いつもあなたのことを本当に思っているのよ。いつもあなたのことを考えているのよ」ということを子供に伝えることが大切です。これはお互いの触れ合いの中でしか確かめあえないのです。子供と接する時間の長さや形では絶対に解決できない問題だと思います

「人から愛される」「健康である」そして「困難に立ち向かえる強い心を持つ」ということの三つを備えた子供に育てるためには、子供の知・情・意をどのように発達させるかが大きなテーマになります。ただし、その順番としては、私は「情・知・意」ではなかろうかと思います。なぜなら、「情」、つまり情感や感性が子供の基本となっていないと、「知識」

をどのようにとらえたらよいのか分からなくなります。そして、知識を取り入れても、それが自分にとってどのような意味があるのか考える情感が発達していないと、自分の主張やポリシーとして身に付くまでに非常に長い時間がかかるような気がします。情感が備わっていると、知識が入ってきたとき、「私はこれがいい。これが欲しい」という選択と判断ができるのです。それは情感というものが、最初に植え込まれているからではなかろうかと思います。

次に「知」です。子供の可能性はすべてにおいて未知数ですから、いろいろな角度で豊富な知識を与える必要があります。保育園や幼稚園あるいは小学校、さらに社会に出てからもいろいろな面で教育が進められていくわけですが、その子の心の基礎に情感が確立されていると、知識によって正しい行動に移すことができます。だれからも指図されたり強制されなくても、行動が自分の「意（意志）」でできるということが基本的な子供の成長のあり方であると考えられます。

そこで、「情・知・意」の「情」を育むためには、子供をどのように教育すればよいのかが、最も基礎的な問題になるわけです。それは親子のコミュニケーションから出発しなければ発達しません。赤ちゃんの情感を育むには、肌と肌が触れ合い、頬と頬を寄せ合って抱いて、赤ちゃん自身が肯定されて温かく認めてもらっていると感じることが重要なのです。それが心の中で喜びとなって、情感の発達というかたちでどんどん情操が大きく広がっていくというのが、人間の成長のプロセスです。体系的な教育を行う以前の親と子の心の関わりがとりわけ大切なのです。

児童期の子育て

次に、児童期に入ります。児童期の中心となる学校教育では、子供の健康を保持増進するために、学校には養護教諭が配属されています。さらに給食制度が確立されていて、規則正しい生活や体力づくりにも関心が払われており、日本はたいへん恵まれています。

この時期もまた一つの大切な時期で、好奇心が芽生える時期であり、それを培う時期でもあります。第一反抗期と言われる時期と重なりますが、それは好奇心が芽生えるためです。親は子供に対して、人としてするべきことや、してはいけないことなどの社会の仕組みを教え込もうとしますが、子供はなかなか素直に従おうとはしません。

雨が降る寒い日のことです。私は、電車の中で五歳くらいの子供と母親を見かけました。子供は外の景色が見たいのですが、電車の窓が曇っていてよく見えないわけです。イライラした子供が母親に、「ママ、どうして見えないの?」と駄々《だだ》をこねるように大きな声で尋ねると、その母親は、濡れた長靴を履いてる子供が電車のシートをよごしてはいけないと気づかって「ダメ、ダメ」と見ることを制止し、「電車の中が温かくて外が寒いから、気温差の関係で……」という難しい言葉で子供に理解を求めるわけです。すると子供は「えーっ？　なーに？」とますます大きな声で尋ねて、その理由を知ろうとします。母親は、「大きな声を出したらダメって、言ったでしょ」と、子供を制していました。

その場面を見たとき、私は残念だなと思いました。子供は目を輝かせて知らないことを知りたがっているわけですが、母親は周りに気兼ねして子供の活動を制しているわけです。このようなことが、子供の好奇心を発達させる機会を少なくしているように感じました。親は理路整然としたことを子供に伝えたい、また、その場の人との関係を取り繕うとします。子供はもっと知りたくて、いろいろな問題を投げかけるのですが、親は「うるさいわね」と黙らせてしまう。子供には、聞きたかったことや知りたかったことがたくさんあるのですが、でも怒られるのであきらめてしまう。

そのようなことが重なり、あるとき、母親や父親が家の中でだらしない格好をしているのを見たならば、〝自分にはやってはいけないと言いながら親は平気でする〟と強く反発するようになります。しかし、親としても理想的な格好ばかりはしていられません。自分のありのままの姿を出すことがあります。そのときは、子供に事情を説明しなければなりません。

また、児童期の子供には、言葉に気をつけなければなりません。もう少し大人になると、人間には表と裏があるということが理解できるようになりますが、この時期は非常に心が素直に成長する時期で、親の言うことをストレートに受けとめます。親は「あなたはとても必要な人なのよ。大きくなったらみんなの役に立とうね」というような言葉を投げかけて、希望や夢を抱かせることが大切です。これが児童期の子育ての大きな課題ではないかと思います。

子供を傷つけるように怒鳴《どな》ったり、叩《たた》いたりという方法で教育しては絶対にいけません。言うことを聞かないので叩いたり、責めたりするような教育を親からされた子供は、将来、親に対してとんでもない形で反発するようになります。

思春期の子供との関わり

次に思春期ですが、この時期は人生の中で最も充実するときで、世界のすべてが自分のために回っていると思うほど物事がバラ色に見えるときです。健康で食欲があり、そして楽しいのです。女の子の場合、何を見ても笑い転げるくらい楽しい時期です。そして、爆発的なエネルギーが体の中に生まれて、これをどのよう形で表現していこうかと考えるのが思春期です。善悪の判断もつかないまま、大人から見たら、とんでもないことをやってみたいという好奇心や、ほかの誰かがやっていれば、すぐに真似をしたいと思うものです。若者が非行や犯罪に走るのもたぶんこのような意識からだろうと思います。

好奇心を持って飛び立って行こうとする子供たちが、とんでもない格好をしたとき、親の価値観で子供を責めたならば、子供との距離がますます広がってしまいます。一度、親子のきずなが切れてしまうと、風船の糸が切れて飛んでいくように離れていきます。このことを親自身がわきまえて、子供がどのようなことを言おうとも受け入れるという姿勢で親が心を開かないと、子供はなかなか親を信じません。

思春期は肉体が急激に成長する中で、誰もが突然に思いがけない行動を起こす可能性があると親は心得て、関わっていく必要があります。よくない行動をただ否定するのではなく、なぜ子供がそのような行動をせざるを得なかったのかということを分析することが大切です。

さらにこの時期は、異性に興味を示し、異性にもてたいと思うときです。ふられたり、失恋することによって、自分は駄目だという自己否定感が生まれたり、ひどく落ち込む場合がある時期でもあります。

胎児期からしっかりと認めてもらっている子供たちは、自身のすばらしさを信じる自尊心があり、自分を支える心ができあがっているので、思春期に入ったときに自己否定感を抱きません。異性や他人から認められないことや、男女の問題で親が心配するようなことがあっても、親とのきずながができている子供は、親とのコミュニケーションを上手にとることができ、そうした問題を乗り越えていけます。

子供の様子がおかしいと思ったら、「どう？　今度、ママとどこかへ出かけてお食事でもしない？」などと、二人になる時間をつくることも必要です。子供の悩みを引き出していく努力が必要です。子供は悩んでいる問題を、いちばん相談したい相手は親のはずです。親に相談ができないから、自分と同年代の友だちに相談をしていて、とんでもない問題に発展してしまったという例がたくさんあります。

そして、子供に問題が起こったとき、思春期の時期だけをとらえるのではなく、胎児期・乳幼児期・児童期の子供とのコミュニケーションがどのようなものであったか、それを親は振り返り、反省することが大切です。

思春期は反抗期でもあります。子供にとって、物事が冷静にとらえられない状態であり、一種の心の興奮状態と言えます。反抗や反発を形として表すことができる子供は、非常によい傾向と受けとめるべきです。それは、「親に対して何でも表現してもいいのだ」という心の働きを持っているからです。しかし、子供の反抗や反発に対して親は感情的になってはいけません。売り言葉に買い言葉、口論の末に「出て行け！」という対立までに、絶対に発展させてはいけません。巷《ちまた》でたむろする家出の少年少女に、「家を出たきっかけは？」と尋ねると、「親から『出て行け！』と言われたから」とその理由を答えます。人間的に未熟な思春期の子供たちは、親の言葉が親自身の悲痛な「心の叫び」であると気づくはずもありません。

私たち親世代に求められることは、決して感情的に子供とぶつからないことです。一度、切れてしまった親子のきずなを修復するためにはかなり長い時間が必要だと覚悟しなければなりません。どんなに反抗されてもどんなにわがままをされても、愛を持って乗り越えるにはどうすればよいかを考えることです。わが子を許してあげて、「ごはん食べる？」「寒くないかい？」などと声をかけて、温かい心でもう一度接することが大切です。これが親と子のきずなを回復させる鍵であると私は考えます。

それから、人々からどんなに非難されても、親だけは絶対にわが子を認めて、味方になることです。このことが子供を立ち直らせ、再び親との関係を取り戻す糸口になります。悪い例ですが、犯罪を犯した子供を親までが非難して悪人のレッテルを貼ったら、もうその子の人生はそれで終わってしまいます。もう一度、親が抱きかかえてあげなければ、その子が更生することは不可能だと思います。社会や警察関係、あるいはそういう機関・施設が更生させるとしても、親の関わりがなかった場合、更生には長い時間がかかり、非常に大変なことなのです。

そして青年期ですが、思春期をうまく乗り越えた青年たちは、非常に元気よく、責任感を持ってすばらしく躍動し青年期に入っていくことができます。そして、未来に向かって人生を歩んでいくことができます。ほとんどの人にとって思春期までが重要な時期で、人生の大きな要になる時期であると私は思います。

後悔の子育て

私は茶器や花器を扱う商家の長男と結婚しました。目が回るような商家の忙しさと家事に追われる中で長女が生まれ、その後、二女、三女、四女と授かりました。特に、乳幼児の長女の子育て中は、〝ごめんね〟と思いながらも、まともにわが子に心が向くことがありませんでした。その長女が、小学校に入学したころから、「おなかが痛い」と訴えるようになりました。長女は思いやりのある子でしたから、下の子の育児と家の仕事に忙しく動き回っている私に「お母さん、私のお母さんになって……もっと私の方を向いて」と言えなかったのだと思います。やがて長女は十二指腸潰瘍を患い、日増しにやせ細っていきました。そして、思春期のころには私と距離もどんどん離れていきました。

子供から愛を求められているのに、私がそれに気づかないまま子育てをしてしまった結果が、「何をやってもできない。つまらない」という否定的な考えを持つ子供にしてしまいました。それが高じて病気にまでしてしまうという子育てを、乳幼児期の重要さを知らないばかりに、私は長女にしてしまったのです。

その後、地域で毎月開かれている「家庭教育の集い（明るい社会づくりの会）」に参加することによって、子育てへの親の意識のあり方を学びました。よい子育ては、よい親になること。よい親とは、子供の視点で子供の心に関わってあげられる親であること。たくさんの学びの中で、私が最も「自分の子育て」を深く反省させられたことは、人間形成にあたる胎児期、乳幼児期に「愛」を込めて、わが子に関わることが、後の子供の人間性を決定づけるということでした。

長女を病気に追いやったのは、乳幼児期の私の関わりに原因があったことに気づき、長女とのきずなを再び取り戻すまでに時間がかかりましたが、修復することができました。

現在、長女は前向きに物事をとらえる積極的な性格に変わり、毎日を意欲的に送っています。

胎児期から乳幼児期に母親から多くの愛を与えられた子供は、与えられた愛に対して、たくさんの笑顔で応えてくれます。母親はその笑顔を見て嬉しくなって、また強く愛したいと思うようになるわけです。母親が笑顔で子供に接しなければ、子供は笑顔が分からないのですから、抱っこしても無表情です。赤ちゃんは泣くことでしか要求が伝えられませんが、笑顔がない子に泣かれる母親は、どうしていいか分からないのでパニック状態になってしまいます。私がそうであったように、今、少なからずそのような状態に陥る若い母親たちがいるのではないでしょうか。

よい母親とは

長女の子育ての問題点を理解し、反省することができた私は、四女の子育ての際には、自分の心が平穏で安定していました。四女の場合、笑顔を投げかければ笑顔で返してくれるということが分かっていましたから、愛の連鎖というものが繰り返されるのを感じていました。

私が子供との関わり合いの実践の中で得たものは、「よい子を育てるにはまずよい母親になる」ということでした。これがいちばん大きなことでした。自分にないものは子供には伝えられないということです。子供は生まれたときには、すでにその親の子として生まれてくるわけですから、親以外の世界は知りません。全部親から学んでいくわけです。親の持っている考えや行動がそのまま子供に移っていきます。子供に問題が起こったとき、自分がどういう母親であったのかということを振り返って考えなくてはいけないのです。

よい母親とは、どのようなものでしょうか。私は、「いつも温かい心でわが子と触れ合うことができることだ」と考えています。言い換えれば、わが子をいつも肯定できるということです。肯定するとは、わが子に母親の愛の心を伝えることです。しかし、母親に「母性」が育っていないと、わが子を肯定することができないのです。では、母性を育てるにはどうしたらよいのでしょうか。それは、尊いいのちを自分のおなかに授けられて、そして誕生して、自分の腕に抱いたあの瞬間の喜びを実感することです。誕生したころのかわいらしい優しいわが子の笑顔を思い出すことによって、嬉しかったあのときの自分をよみがえらせることができます。その思いからわが子を愛する「母性」が育っていきます。

いのちのつながりの実感

四女がおなかのに中にいたとき、私はよく、「あなたが生まれてくるのをみんな待っているのよ」「がんばろうね」「ママは一所懸命に美味しいものを食べるから大きくなるのよ」などと、言葉をかけました。胎児期からへその緒を通して母から愛を受けた子供は、愛の心が育ちます。

長女、二女、三女の妊娠中にも、それなりの胎教はしていました。それは、できるだけ心穏やかに、よい音楽を聴いて過ごすというものでした。四女のときは、時間の許すかぎり、意識しておなかの中の子供に呼びかけ、会話するようにコミュニケーションを心がけました。その結果、私としっかりといのちがつながっているという実感を持つことができました。

興奮していたり、怒りを持っているときや、悲しいときや苦しいときにでも自分の心をコントロールして、優しい心を取り戻して、子供に優しい心を伝えていくことを心がけました。胎児のときには、時間があるかぎり可能でしたが、誕生して乳幼児期に入ると、上の三人の子供たちもいるので、大変な努力が必要でしたが、「愛している」「かわいい」「ありがとう」「あなたが大好き」という肯定的な言葉を投げかけ、意識して優しく関わることにしました。

時折、生活の中で起きてくる問題を抱え込んで、つらく涙が出そうなときでも、子供が「ママ、ママ。早く」と言うと、笑顔で対応していました。私が自分自身の子供時代を振り返ったとき、母親の悲しい顔を見たときは本当に悲しく、子供ながらに、「お母さんは、どうして悲しいのかな」と、物が食べられないくらいに胸がしめつけられる思いをした記憶があったからです。私が子供に悲しい顔を見せたら、「どうしてママは悲しい顔をしているの?」と、子供たちにつらく悲しい思いをさせてしまうのです。そのことに気がつき、子供たちに悲しい思いをさせたくないという思いが私を奮い立たせました。

四女は愛されている喜びを感じて育ち、すべてを肯定的に受けとめられる女の子に成長しました。その四女が結婚し、妊娠したとき、私と同じように胎教と乳幼児教育を実践しました。私の孫も両親から愛されている喜びを全身で表し、肯定的な言葉を多く使う子供に成長してくれました。現在、四女は自分の子供から「幸せ」を与えられて、大きな喜びを感じる毎日を送っています。また、二女も三女も元気に平穏な日々を送っています。

愛されてこそ愛を知る

母親のおなかの中に新しいいのちが宿ったときは、子供の心はまったく白紙です。その白紙の心をどのような色に染めていくのかを親は考えることになります。子供がどのように成長することが幸福なのだろうかと、新しいいのちの誕生を知ったときから親は考えることになります。

親は、子供が社会に出てからも荒波に出合わずに、なるべく苦労をしないで健康で長生きしてほしいと思うものです。それが、すべての親の願いではないでしょうか。そのような子供への願いのために、親たちは涙ぐましい努力を続けてきました。わが子が幸福な人生を歩めるように、幼稚園から大学まで有名校に入学させようとします。そのために、親は一所懸命になります。子供の将来への設計図をつくり、そのとおりに進まなければすべてが無駄になると思わんばかりに懸命に努力します。

ところが、一所懸命になっている親の努力を、子供は、「親の勝手な苦労」と思っていることが多いようです。なぜならば子供の欲するものと違うからです。

子供がいちばん願っているもの、欲しているものは、親からの多くの愛です。私は四人の子育てを経て、やっとそれが分かりました。

先に述べたように、子供の白紙の心を何色にしてあげるのか。その答えは「愛されている」という色です。この世に声を上げて誕生したとき、愛されていることの喜びを教えてあげることこそ、子供にとって何にも勝るすばらしいことなのです。人から愛された子供が、人を愛することができる子供に育つのです。愛されたという記憶がなくて、愛することを教えたとしても、知識で分かったとしても行動することができないのです。愛された記憶を人間形成の最初の意識に植え込むことから教育が始まります。人を愛する心を育むことこそ、子供の成長にとっていちばん大切なことです。「愛されてこそ愛を知る教育」だといえます。

前述したように、脳の前頭葉は感性、情感を発育させる部位ですが、この部位の発達は、五、六歳までに発達を遂げます。この時期を過ぎると、この部位の発達が遅くなり、大人になってからは思うように進まないようです。この脳の発達の仕組みを認識して子供との関わり、心の発達を進めるべきです。

「豊かな愛の心を持つ」ことが、すべての人々の心の基本です。お金を与えられても、物を与えられても、心が満たされていないと感じている若者たちは、心の中で愛の欠乏を感じています。愛に飢えた子供の欲望は、とどまることがありません。子供の心の飢えは、すべて親の愛を求めているのです。

イタリアで初の女性医学博士であり、幼児教育学者でもある、マリア・モンテッソーリは、幼児教育に長年携わった経験から、「人間は生命誕生の瞬間から愛に飢えている」という言葉を残しています。

愛こそ、人類の求める最高のものであり、そのことを私たちはもう一度しっかりと心に受けとめ、「心の教育」を考えてみることが大切であると思います。そして、子供に愛を与えるためには、大人の心に豊かな愛がないと与えられないという大原則があります。どうしたらその愛を自己の中に保つことができるのか、まずこのことを考えることが重要なのです。

子供は何も分かりません。すべてを先輩である大人から学びます。その先輩である大人さえもよく分からなかったのが、人間にとっていちばん大切な「心の教育」ではなかったでしょうか。大人が注ぐかぎりない温かな愛情が、子供たちを元気にして、勇気を持って人生を生き抜くための糧《かて》になるのです。

どんなときでも子供を支えて信じることが愛といえます。愛を心の基礎として育てられた子供は、いつも自己肯定ができるため、どんなときでも前向きに受けとめ、優しい心の発達と共に自立して意欲的な生き方を選択することができます。

私は、心の発達の仕組みを取り入れた子育てと、「愛されてこそ愛を知る教育」が多くの人々に理解され、実践されることを心から願ってやみません。

第七章　親の生育歴と子育て

渡辺　晋三

渡辺《わたなべ》 晋三《しんぞう》

私立富士見丘高校講師、麗澤《れいたく》大学学生相談室カウンセラー等を経て、現在、渡辺教育相談室主宰。財団法人モラロジー研究所生涯学習本部相談センター家庭相談室室長・相談員、同研究所社会教育講師。著書『愛のエネルギーが子供を変える』（モラロジー研究所）

あるご夫婦からの相談

私は、昭和五十七年に登校拒否に悩む親子を救いたいという思いから、「軽蔑《かる》の子会」という会を立ち上げました。昨今、子供の教育相談に当たる支援団体はいくつもありますが、当時は、まだそのような会はほとんどなく、そうした会の先駆けの一つでした。以来、家庭教育の問題について数多くの相談に乗ってきましたが、そうした経験を通して「親の生育歴と子育て」について述べたいと思います。

私が以前、東京のある講演会でお話をしたときのことです。講演が終わり、講師控え室で休憩をしていたところへ、三十歳代のご夫婦が赤ちゃんを抱いて相談に来られました。その相談とは、「この子をよい幼稚園に入れたいが、どこの幼稚園に入園させたらよいでしょうか」といった内容でした。私が「よい幼稚園に入れてどうするのですか」と尋ねると、そのご夫婦は、「よい学校に入れて、よい大学を卒業させたい。ぜひ相談に乗ってください」とおっしゃいました。

私はそのご夫婦のお話をしばらく聴いていて、一つ気になることがありました。それは、わが子をできるだけ優秀な学校に入れることだけにしか関心がなさそうだったからです。

そのとき私は直感的に、「このご夫婦は大人として自立できていない。親として成長していない。子供の教育よりも、むしろ親としての教育のほうが必要ではないか」と感じたのです。

実は最近、このお二人のようなたいへんに教育熱心なご夫婦が増えているように感じていますが、そうしたご夫婦に限って子供の教育に対して絶えず不安を抱えておられるように思います。

教育とは知識だけではなく、「知育・徳育・体育」が大切です。そのためには、親自身の精神的成長が何よりも重要であると私は考えています。このご夫婦のようにたいへん教育熱心で、わが子をよい学校に入れることにしか関心がない親に育てられた子供は、いったいどのような大人に成長していくでしょうか。私はそのことを心配に思い、その後短い時間でしたが、そのご夫婦に子育てにおける親の役割の大切さについてお話しさせていただきました。

親が子供に与える影響は、実に大きなものがあります。これは私が今日まで家庭教育の問題について数多くの相談に乗ってきた経験から言えることですが、子供の問題行動の原因の裏には、親自身の性格や考え方、またトラウマ（精神的外傷）などが大きく影響していることが多く見受けられます。子供自身に原因があるというより、親自身の生育歴から生じてきた問題であると言えます。しかし、そのことを親は全く自覚していません。表面に表れている子供の問題解決にしか目が向いていないために、どうしてよいか分からず、親も子供も共に苦しんでいるケースが意外と多いのです。

私の生育歴

それでは、親の性格や考え方、あるいはトラウマといったものは、いつ、どのように生まれるのでしょうか。これはなかなか難しい問題です。私たち自身を振り返ってみても、なかなか分からないものです。

しかし、生まれ育った家庭の環境が私たちの性格や考え方に大きな影響を与えていることは、だれしもが認めることではないでしょうか。例えば、仲の良い両親に育てられたのか、あるいは表面的には仲の良い両親だったけれど、実は心の中では大きな葛藤があった両親に育てられたのか。また、嫁姑の問題で母親が苦しむ家庭だったのか。父親は厳しい人だったのか、あるいは優しい人だったのか。または、存在感の薄い人だったのか……等々。このような家族関係や家庭環境、とりわけ父親と母親との関わりが私たちの成長に大きな影響を与えることになります。

ここで、私自身の生育歴を例に挙げて、子育てにおける親の影響の大きさについて考えてみたいと思います。

私の父方の家は、先祖代々宮大工の家系でした。しかし、私の父は十一歳のときに父親が急死して、洗い張り（着物の洗濯）屋に丁稚奉公《でっちぼうこう》に出されました。そして、苦労に苦労を重ねて独立しました。大変な努力家でがんばりやの父でしたが、父親が早く亡くなったため、両親への依存体験が十分にありませんでした。ですから、父はすごく短気で厳しい性格を持って育ちました。

一方、母は、母親が産後の肥立ちが悪かったため、生まれてすぐに母親と死別しました。また婿養子《むこようし》だった父親は、その後再婚したため、母は祖父母の手でずっと育てられました。そして、祖父母が亡くなってからは親戚《しんせき》の家の養女として育てられました。そのために、父と同じように大変な苦労をして育ちました。しかし、苦労した分温かく優しい性格で、周りの人からは「仏さんみたいね」とよく言われていました。そのような母でしたから我慢強い人でした。しかし、母は両親と早く別れていたために、心の深いところに不安や寂しさがあったことでしょう。

私はそういう両親のもとで、五人きょうだいの末っ子として生まれました。父は「女五人はいらない。五人目が女なら養子に出す」と言っていたそうです。上の四人は全員女の子でしたから、もし私が女だったら他家の養女となるはずでした。父は男の子が生まれてたいへんに喜んだそうです。そして、私は末っ子の男の子でしたから、両親は私を愛し、かわいがってくれ、姉たちにとっても一人の弟だったので、かわいがってくれました。私は両親、きょうだいからたくさん愛情を受けて育ちました。そのため若いときには人への依存が強く、甘えの心を持った人間だったと思います。

長姉は結婚を前にして結核により二十二歳で他界しました。気立ての良い姉でした。さらに、四女も小学校入学式の日に疫痢《えきり》で急死していました。

父は口癖のように「長女は、優しくて器量よしでいい子だった。四女は、ラジオで歌が流れるとその歌をすぐに覚えてしまう頭のいい子だった。後に残った者はカスばかりだ」と、よく言っていました。二女はその言葉に反発し、よく父と言い争いをしていました。二女は優しい人なのですが、性格的にきつい一面を持っているように思います。三女は、二女と父との言い争いを目の当たりにしているので、両親、特に父親との対応が上手でした。私もそのような父親の態度、父親と二女のちょっとした争いを見ながら自分の性格が出来上がっていったように思います。ところが、私が二十二歳のとき、父は急死しました。たいへんに厳しく怖い父と、その反対に非常に優しい母。私はこのような両親に育てられました。自分は基本的には優しい性格だと思っていますが、厳しかった父の影響でしょうか、非常に厳しい一面も持ち合わせています。カウンセリングの現場でも、よくクライアントから「先生にはすべて見抜かれているようで怖い」と言われることがあります。しかし、相手を優しくずっと見守り続けるような一面も持ち合わせています。

こうした私の性格は、やはり厳しい父と優しい母に育てられて形づくられたものだと思うのです。よい悪いは別にして、私はこの両親の性格の両面をしっかりと受け継いでいます。

トラウマに悩んだ青年期

両親は洗い張り業を営んでいましたので、私も小学校六年生から伸子《しんし》張りをやらされました。遊びたい盛りのころにもかかわらず、日曜日は朝からやらされました。私が着物一枚の伸子を張るのに一時間以上かかりました。しかし、その張り方が悪いと、父は「こんなの駄目だ」と言って、せっかく一所懸命に張ったものを瞬《また》く間に全部はずしてしまうのです。そして、私は泣きながらまた最初からやり直しです。私の辛い気持ちを母は察していましたが、「お父さん、かわいそうだから、手伝いをやめさせて遊ばせてあげて」とは一度も言ってくれたことがありませんでした。母は〝辛いだろうがそんなことで挫《くじ》けては駄目だぞ。しっかりがんばってやりなさい〟と言わんばかりに私を見守ってくれていたのです。今となっては、この体験が私を育ててくれたと、両親に感謝しています。

その後、私は中学校に入ると、自分に全く自信を持てなくなるという大きな悩みを持つようになりました。具体的に言うと、先生や同級生から名前を呼ばれると、心臓が止まるのではと思うほど〝ドキッ〟とするのです。出欠を取るときでさえも先生から「渡辺」と呼ばれるだけでビクッとしたり、親戚の人から「晋三さん」と声をかけられるだけでも動揺していました。

こうした経験がない人にはなかなか理解してもらえないかもしれませんが、私は名前を呼ばれるたびに心臓がドキドキしてしまう、そんな自分が嫌で嫌でしかたがありませんでした。そのようなことがあり、ますます悩みこんでしまったのです。

一方、私は小学校四年生から珠算教室に通っていて、中学では珠算競争大会に学校代表として出場することも度々ありました。そして、その実力を認められ、授業では先生に代わって教壇に立ち、同級生に掛け算や割り算も教えたりする。そんな一面もあったのですが、どういうわけか自分の名前を呼ばれると〝ドキッ〟としてしまうのです。そして、なぜそうなるのかという原因が自分にも分からず、高校を卒業するころには、そのことでさらに悩むようになっていました。

その後、それまでの自分を振り返り、悩みの原因を探っていたら、あるときその原因が分かったのです。心臓が止まるかと思うほどビクビクするその原因は、実は父の「厳しさ」にあったのです。

非常に厳しい父でしたから、私は幼いころから何かにつけて大声で叱られて育ってきました。父からいつも「晋三！　ばか野郎」と怒鳴られるたびに、私は萎縮し、ビクビクしていました。そのようなことが私の心の奥に潜在意識として染み込んで、成長しても「渡辺」と名前を呼ばれただけでビクッとする「心のしこり」をつくり出していたのでした。これはつまりトラウマです。父から怒鳴られるたびに感じる恐れが、いつしかトラウマとして私の心の奥深くに染み込んでいたのです。そのことに気づいたときに、私の心はスーッと楽になりました。そして、今までの悩みが嘘のように晴れ、名前を呼ばれても動揺するようなことはなくなり、自然と自信を取り戻すことができました。

私たちの心の中には、このような目に見えない「心のしこり」というものがあります。このように幼いころからの体験や出合ったさまざまな出来事が、私たちの心に影響を与えています。

また、どのような両親に育てられたのか、厳しかったか、優しかったか、あるいはきょうだいの何番目で育ったのか、長男・長女・末っ子だったのかによっても、ずいぶんとその性格は変わってくることでしょう。昔から「三つ子の魂百まで」と言われますが、幼いころの両親や家族との関わりが、子供の人格形成に大きな影響を及ぼしていきます。その生育歴によっては、私のようにトラウマを抱え、非常に悩んだり、振り回されたりすることがあるのです。

さらに重要なことは、自分が親になったとき、その幼少期のトラウマを引きずったままでいると、それが子育てにさまざまな影響を及ぼして、子供の問題行動の原因そのものとなるということです。そのトラウマを解消してあげることで、子供の問題行動が治まっていくというケースが多く見られることなのです。

次に、そうした具体的な事例をいくつかご紹介しましょう。

わが子の姿にいらだつAさん

Aさんというご婦人が子供の不登校の問題で相談に来られました。Aさんには三人の息子がいて、そのうち二人の子が不登校となり、悩んでおられました。いろいろとお話を伺うと、この二人の子供さんはたいへんのんびりとした性格で、Aさんはどうもそのことが気になってしかたがないとのことでした。子供たちがのんびりしていると、イライラしてきて、「あんた何やっているの、早くしなさい」とつい厳しい声で叱ってしまうのです。

また、Aさんは非常に小柄でしたが、剣道二段の腕前で三人の子供たちにも剣道を習わせていました。剣道二段といえば相当に鍛錬されています。しかし、私は出会ったときに、剣道二段の腕前とはいえ、Aさんは心のどこかに弱さを持っておられる方だと感じました。

お話を伺い、Aさんの心の弱さの原因が少しずつ分かってきました。

Aさんには姉と兄がいて、二人は学力優秀でスポーツも万能だったそうです。そのため、父親から「お姉ちゃんとお兄ちゃんは勉強もスポーツも優秀だけど、おまえは駄目だなあ。勉強はできないし、スポーツもだめ。何をやってももたもたして、いったい何やっているんだ」といつも叱られて育ったそうです。

父親からそう言われるたびに、初めのころは〝そんなに言わなくてもいいじゃないか〟と反発する気持ちがあったようです。しかし、あまりにも言われ続けていると、「私はうすのろでどうしようもない。勉強もできない駄目な子だ」と自分で自分を責めるようになり、すっかり自信を失っていったそうです。

成長したAさんは結婚し、子供を授かりました。そして、子供が剣道を習うことになり、そのとき自分も剣道を習って少しでも駄目な自分を強い自分に変えたいと思い、一所懸命に努力して二段の段位を取ったのでした。

そうしたAさんのそれまでの生育歴が少しずつ分かってきました。Aさんは、自分の父親にいつも姉や兄と比較され、「うすのろで駄目な娘だ」と言われるのがものすごく嫌だったのです。しかし、父親にはどうしても反発できず、その自分の気持ちをどんどん抑え込んでいきました。そして、もたもたしている自分自身も大嫌いになっていったのです。その過去の気持ちが子育てに表れてきました。わが子がもたもたしているのを見ると、自分の幼いころの姿と重なって見えてしまい、イライラしてきて子供を叱るようになってきたのでした。

私たちの心は、自分の正直な気持ちである本音をどんどん抑え込んでいくと、ほんとうの気持ちが分からなくなっていきます。自己確立ができていない人の典型は、自分がどうしたいのかが分からない人です。自分の感情を抑え込んでしまう結果、こちらがいくら「あなたはどうしたいの」と尋ねても、自分がどうしたいのかが分からないのです。Aさんも父親に対する自分の感情を抑え込んでいくうちに、自分自身を見失ってしまったのです。その屈折した心が子供に大きな影響を与えました。そして、結果として子供の不登校という形となって表れてきたわけです。

Aさんは幼いころの自分のことを話した後、自分の子供のころに抱いていた父親に対する気持ちに気づきました。そして、自分の生育歴を自覚することで心が楽になったのでしょう、笑顔を取り戻して、「私は一人芝居をしていたようです」とおっしゃいました。

それから少しずつAさんは変わっていきました。子供に対してもゆとりを持って接することができるようになっていきました。それにともなって叱責もめっきり少なくなっていったのです。親が変わると子供も変わっていきます。お子さんの不登校の問題もしばらくすると治まっていきました。

自分の気持ちを抑え込んでしまったB子さん

また、子供に折檻《せっかん》をするお母さんの相談に乗ったことがあります。その方を仮にB子さんとしましょう。B子さんは東京の有名大学を卒業後、結婚して二人の娘さんがおられます。B子さんは、小学校二年生の長女を厳しく折檻することに悩んで、私のところへ相談に来られました。

B子さんとお会いするとたいへんにすてきな奥様で、とても子供を折檻するような母親には見えませんでした。しかし、話を伺うと、泣き叫ぶ子供を布団の中に丸め込んで、そのまま押入れに入れてしまうとか、湯船の湯の中にその子を激しく突っ込んでしまうということでした。ところが、そうした折檻の後、冷静になると子供の寝顔を見ては、「ごめんね、ごめんね」と泣きながら謝るのですが、また次の日になると同じことを繰り返してしまうということでした。このような自分が怖くて辛くて、どうしてこのようにしてしまうのか分からなくて苦しんでいました。

私は、B子さんから話を聴きながら、彼女の心の中を探っていきました。

B子さんは両親とお兄さんの四人家族で育ちました。彼女が小学生のとき母親が病気で亡くなりました。その母親には親しい女友だちがいました。たいへんに親切な人で、母親が入院しているときも、家族の食事を作ってくれたり、掃除や洗濯などの家事もしてくれたりと、いろいろとB子さん家族の世話をしてくれたそうです。そして、母親が亡くなると、父親はその方と再婚しました。

お話を伺っていくうちに、彼女と両親の間に、ある出来事があったことが分かりました。それは彼女が中学一年生のときのことだったそうです。彼女が家の二階の自分の部屋にいると、下から楽しそうな笑い声が聞こえてきそうです。彼女には、新しいお母さんと父親との間に生まれた妹が一人いました。その声は、その三人の楽しそうな笑い声だったのです。B子さんは何を笑っているのだろうと思って二階から降りていきました。ところが、三人の楽しそうな様子を見て、彼女は直感的に〝この中に入ってはいけない〟と感じ、また自分の部屋に戻ったのです。

その出来事があって以来、両親に対して自分の気持ちをいつも抑えてしまうようになったそうです。自分に困ったことがあっても、新しい母親には甘えられないし、実の父親にも気兼ねしてそれを相談できない子供になり、自分の感情を抑え込んで成長してきたようでした。

やがてB子さんは何事もなく成長し、結婚して自分の家庭を持ち、子供にも恵まれました。ところが、毎日の生活の中でストレスがたまり、自分の感情が荒れたとき、これまでの抑圧されてきた感情や不満がわが子への折檻という形で表れてきたのです。

私との何回かのカウンセリングの後、彼女は両親に対して甘えられなかった自分の生育歴に気づき、徐々に落ち着きを取り戻していきました。すると、子供への折檻も自然と治まっていきました。

その後、私はB子さんの母親にもお会いし、彼女のことをお話ししましたが、「私はあの子を自分の子供と思って、大事に育ててきました。しかし、どうしてB子がそうなったのか分かりません」と少し戸惑いながら話されていました。

苦しい過去を吐き出そうとしない父親

Aさんと B子さんの事例をご紹介しましたが、子供の問題行動はその子自身に問題があると私たちは表面的にとらえがちですが、実は親自身が抱える心の奥深くにあるトラウマがその原因となっていることが多いように私は思います。問題解決のためには、まず親自身が自分自身の心の中をよく見つめ直してみること、それが何よりも重要なことではないかと思うのです。

社会的には立派な人だけど、家庭では全く駄目な父親という人がいます。

これも以前ご相談があった事例です。夫婦と一男二女のご家庭で、父親は一流企業にお勤めで、社会的に立派な役職に就いておられる方でした。息子は難関な有名大学に合格したのですが、「自分はこの大学に向いていない」と言い出して不登校が始まりました。母親は、ようやく希望の大学に入学できたのに「退学したい」と言う息子に強い不満を持つようになり、そのことを夫に訴えました。すると、夫は「おまえの教育が悪い」と妻を強く責め、息子に対しても「どうして学校に行かないんだ」と厳しく叱責しました。

この父親は、世間から見ると社会的には立派な人でしたが、家庭においては父親として、あるいは夫としての役割を全く果たしていないような人でした。家庭内の言い争いが続き、夫婦仲、親子仲が悪くなって、いよいよ立ち行かなくなってきて、私のところにご夫婦で相談に来られたのです。

私はその父親とじっくりと話し合いました。そして、子供時代に原因があることが分かりました。彼は、幼いころに両親が離婚して、親戚に預けられて育ったそうです。たいへんに辛く嫌な思いをしたようで、その苦しみを思い出して、涙を流しながら私に過去を話してくれました。

〝なんとしても自分がしっかりしなくてはいけない〟という強い思いが彼の心の中に生まれました。そして、彼は、〝勉強ができて、社会的な地位さえ得られれば、それが成功である〟という価値観でこれまで生きてきたのでした。人生において、それ以外のことはすべて切り捨ててきたようでした。会社の中でも重要な立場におられましたが、人間関係はあまり良くなかったようでした。仕事はたいへん優秀だったようですが、人望がない人でした。そういう方でしたので、家庭内の家族のコミュニケーションがうまく機能しなかったのも無理のないことでした。

彼は自分の辛かった過去を頑《かたくな》なまでに家族にひた隠しにしてきたように、私との面談の中でも、幼いころから抑えていた苦しみや悩みを全部吐き出そうとはしませんでした。なぜ、過去の自分を語らないのでしょうか。おそらく本人の心の中には、〝過去の辛い感情や思いを語ることによって、また嫌な思いをしたくない〟という強い思いがあったからでしょう。

人にはそれぞれの人生があり、人には言えないこともあるでしょう。言いたくなければ、自分で辛い体験や過去の感情を見つめて、自分自身を受け入れることが大切です。よい面も悪い面も自分自身であり、その両方を受け入れることによって新しい自分に気づくことができます。

それができれば、心が楽になって家族と向き合い、本音で語り合うことができるようになるでしょう。そして、妻や子供との関係も改善できることと思います。

子供のころの思いが大人になって形として表れる

私が独身だったころ、母親といっしょに関西旅行をしました。京都の由緒あるお寺に行ったとき、そのお寺の庭園で女性二人が琴を奏でていました。その姿と音色に私は魅せられ、結婚したら妻にお琴を弾いてもらいたいという願望を強く抱きましたが、結婚しても妻に琴を習わせるということはしませんでした。ところが、娘が生まれて幼稚園に入園したとき、知人が琴の先生になったというのを聞き、私はすぐ娘に習わせました。娘は父親の期待に添って、高校三年生まで一所懸命に習って準師範の資格まで取りました。

その娘が結婚して、私の孫娘が生まれました。あるとき、私が娘に「孫に琴を弾いて聞かせてあげたら」と言ったのですが、娘は「絶対に嫌だ」と言って頑《がん》として弾きませんでした。その娘の言葉を聞いて私は、娘は子供時代に親の期待に添うため嫌々ながら琴を習っていたのだと感じ、深く反省させられました。私は無理強いして琴を習わせたわけではないと思っていましたが、気がつかないうちに親の願望を子供に押し付けていたようでした。

このように親の思いと子供の感じ方に、すれ違いが生じていることに親自身が全く気がついていないことが多いのです。

また一方で、新聞の人生相談コーナーなどにもよく出てくる家庭問題の中で、金融機関などから多額のお金を借り、借りた本人よりも家族が苦労しているという話があります。そのようなとき、家族は借金をした本人に「今回は支払ってやるがこれが最後だ」と言って返済し、本人も「もう借りない」と約束して、家族は解決したと思っています。ところが、しばらくすると、また別の金融業者からの督促《とくそく》状が届き、家族が驚いて、本人に「いったいいくら借金があるのだ」と問いただすと、「あと二百万円か三百万円ぐらい」と言います。家族は、もうこれが本当に最後だと思って、支払いますが、また次から次に借金が出てきて、親を困らせます。

私は、このような相談をよく受けることがあります。家族はたいへんに困っているのですが、当の本人はなんでもないような顔をしているのです。借金をした本人の特徴は、まじめそうに見えますが、時々何を考えているのか分からないときがあり、おとなしくて自分の意見を出さず、周りの人の顔色を伺っていて、心がキョロキョロしているようです。自分に自信がなくて人から褒められてもあまり喜びません。一見、特に問題のないような人なので、なおさら周りの人は驚き、戸惑います。

しかし、カウンセリングをしていくと、そうした人のほとんどが、「子供時代に厳しくされた」「親から愛されていない」「いつも遠慮していた」「親に自分の意見が言えなかった」と言います。やがて、子供時代のいくつかの葛藤やトラウマに気づき、その心が癒《いや》されると、借金を繰り返して、親を困らせるようなことはしなくなります。

子供のころに心に溜め込んだものが、別の形となって表れてくるということを私たちは知っておかなければなりません。

親の見方と子供の見方

これまでいくつかの事例をご紹介しながら、親のトラウマや幼少期に親から受けた影響が子育てや家庭問題のさまざまな原因となっていることを述べてきましたが、もう一つ気をつけなければならないことがあります。それは、私たちは経験によって物事を決め付けてしまうことがあるということです。

例えば、日常の親子の会話の中にある、親の些細《ささい》なひと言が子供に大きな影響を与えます。

ある女の子が幼いころにお花畑で美しい花をいっぱい摘んで、「お母さん、見て」と言ったら、お母さんがにっこりほほ笑んで「きれいね」と言ってくれた。そのときの印象がその子の心の中に強く残ったとします。

その娘が結婚して母となりました。そして、子供といっしょにお花畑に行って、幼いころと同じような状況になりました。ところが、子供は花ではなく四つ葉のクローバーを摘んできて、「お母さん、見て」と言いました。その母親にとっては、幼いころの経験から、子供は美しい花を摘んでくるものという思い込みがあって、何気なく「あら、どうしたの?

お花摘んでこなかったの」という言葉を返しました。母親の言葉に、子供は落胆します。〝私の摘んだものはお母さんの期待と違った。これは摘んじゃいけなかったんだ〟と子供心に思ってしまいます。

私たちにとって経験はとても大事です。経験によっていろいろなものの見方ができて、人間的な幅も広がるわけですが、その一方で、自分の経験を通して物事を決め付けてしまう、自分の価値観にこだわってしまうということもあります。

以前、ある冊子で読んだ母子の会話が印象に残っています。

ある日の夕方のこと。母親は来客の接待のため台所で支度をしていました。そのとき小学生の子供が台所に飛び込んできました。そして、興奮しながら母親にこう言いました。

「お母さん、お母さん！　夕焼けがすごくきれいだよ。ねえ、見に来てよ」

その母親は子供の声に、

「まあ、そうなの。お母さんも見たいけれども、今お客さんで見られないの。だから、お母さんの分まで見てきてね」と、すぐに言葉を返しました。

すると、子供は「うん」と言ってまた外に跳んで行きました。そして、夕焼けの色や明るさを後でお母さんに報告しようと思って、その夕焼けの状況を頭の中にしっかりと焼き付けました。

母親のとっさに出たひと言によって、子供の心の中に自分の感動を母親に伝えようとする気持ちが芽生えたわけです。母親の言い方ひとつで、子供の心が育つのです。「お母さんの分まで見てきて」の言葉で、しっかりその状況を頭の中に焼き付けてきて、後で母親に報告する表現力と責任感が子供に育ちますし、きれいなものに対する情緒や周りの人たちに対する思いやりの心も育てられるのです。

ところが、もしも同じ場面で、母親が次のような言葉を口に出したらどうでしょうか。

「お母さんね、今忙しいの。それに夕焼けなんて、年中見ているわよ！」

その子は、〝お母さんに何を言っても無駄だ。もういいや〟ということになります。自分の感情や気持ちを母親が何も分かってくれないのだと思うと、子供はいろいろなものに対する興味や関心がなくなっていきます。

私たちは、子供の心を理解し、感情を大切に育てていきたいものです。

同じような例ですが、私の子供がまだ小さいときのことです。妻が出かけるとき、鏡に向かって化粧をしているのを、子供が一生懸命に見ていました。妻が何気なく、「お母さんがお化粧をして、きれいなほうがいいでしょう」と子供に尋ねました。妻は、子供が「うん。きれいなほうがいい」と答えてくれるものと思っていたのです。

ところが、子供は首を横に振って「ううん」と言いました。妻が思わず「どうして？」

と聞くと、「だってお母さんは、お化粧をしたら出かけていくんでしょう」と、こう言ったのです。

子供は、〝お母さんはきれいでいてほしい〟と思っていますが、その一方で、〝お母さんがお化粧をしているということは、また出かけてしまうんだ。お母さんが家にいないと寂しい〟という気持ちを抱くわけです。

親の見方と子供の見方とではずいぶん違うことがあります。親のものの見方ひとつで、子供に話しかける言葉が大きく違ってきます。子供の心を育てるためには、親の経験からくる思い込みや一方的な見方だけでなく、子供の心に目を向け、その子の思いはどうなのかを十分に感じ取る必要があると思います。これこそが、「子供の目線に立った子育て」ではないでしょうか。

最近は、出産後間もなく、子供を保育園や託児所に預けて職場に復帰する若い母親たちが多くなりました。そのような場合、子供が大きくなったとき、母親は子供と小さいときからの関わりが少ないため、子供の気持ちを十分に読み取ることができないと感じることがあるようです。母親が働くことがいけないのではなく、子供の気持ちを理解することに努力を傾けなければ、子供とのコミュニケーションがうまくとれません。

昔の家族は大家族でしたから、父親が少しぐらい駄目でも、また夫婦関係がうまくいっていなくても、父親や母親の代理的な役割ができる人が周囲にいました。しかし、核家族が多くなった現在では、子育てについて、父親や母親に課せられる責任や役割は多くなりました。親にとっては大変な時代になったと感じます。

子供は親の生き方や考え方を見て育つ

先ほど、私自身も両親の性格に大きく影響を受けていると述べましたが、今でも鮮明に記憶していることがもう一つあります。

私は横浜で育ちました。戦争が激しさを増し、昭和二十年五月二十九日に横浜大空襲がありました。私が小学校三年生のときのことです。

私の家は横浜の中心街にあり、辺りには焼夷弾《しょういだん》が落ちて大パニックとなりました。横浜は周囲に小高い山がたくさんあって、大勢の市民は炎を避けるように山へと逃げ出したのです。

二人の姉はちょうど学徒動員のため家を留守にしていて、家には父と母と私の三人がいました。空襲が激しさを増してきて、気がつくと父がいなくなりました。母と一緒に懸命に父を探すと、父は三、四軒先の家の屋根に登って必死に消火活動をしていたのです。周囲から火の手が迫ってきて、母と私が「早く逃げよう」と叫ぶと、父は「俺《おれ》は逃げない。ご近所が焼けるのを見捨てて逃げられるか。それにお客さんから預かった大事な着物も守らなければいけない。だから、俺のことはいいから、お母さんと二人で逃げろ」と言うのです。私と母は仕方なく、後ろ髪を引かれる思いで山へと逃げました。

そのとき母は、祖先のお位牌《いはい》とお財布だけを持ち、私にはランドセルを持たせて逃げたのです。今までいっさい学校や勉強のことなど言わなかった母でしたが、無言のうちに〝おまえの本分はこれだ〟と言われたように感じました。今でも〝母は偉かったなあ〟と思います。

その山で二人の姉と偶然にも会うことができ、母と無事を喜び合いました。あれだけの混乱の中で、本当に奇跡のように思います。ところが肝心の父の消息が分からないのです。町内の人にも何人か会って尋ねましたが、誰も知りませんでした。山の上から横浜市内を見ると、中心地は全部焼け野原で、私の家も見えません。「父は死んでしまったのだろうか」という悲しい思いと不安で一夜を明かしました。

翌日、わが家の焼け跡に戻ると、信じられない光景がありました。〝もう死んだかもしれない〟と思っていた父が生きていたのです。父は、私と母に「逃げろ」と言った後、お客さんから預かった着物が空襲で焼けないように自宅の防空壕に納めて、炎が入らないように入り口の蓋《ふた》の上から土をかぶせて密封したそうです。そして、〝さあ逃げよう〟と思ったときにはもう炎に囲まれていて逃げられなかったのです。幸い家の前に大きな川が流れていたため、その川に飛び込んで助かったのです。まさに九死に一生を得たのでした。私たちは親子で感激して、抱き合って喜び合いました。

横浜中の防空壕は焼夷弾でほとんどやられていましたが、幸い私の家の防空壕は無事でした。入り口の蓋を開けてみると、着物は全部損傷がありませんでした。その防空壕の中には、大空襲の前日に配給があったお米や鉄のお釜、それに非常用のお塩がありました。

家族の再会を喜び合ったのも束の間、父は、「ご近所の人は食べるものがなんにもない」と言い出しました。辺りは焼け野原ですから、火にくべる薪《まき》はいくらでもあります。水は破裂した水道管から湧き出していました。父と母は、すぐにお米を炊いておにぎりを作って、炊出しを始めたのです。そして、おにぎりをご近所の方々に配り始めました。

私は思わず、「お父ちゃん、うちのお米なくなってしまうよ」と言うと、父に「ばかやろう！」と大声で怒られました。母がすぐに私の手を引っ張って行って、物陰で、「おなかが空いているのは私たちだけじゃないの。みんな食べる物がないのよ」と諭しました。

そのときの私の気持ちは、〝家のお米がなくなってしまう〟という不安と〝みんなにご飯をあげなければいけないのかなあ〟という気持ちとで、なんとも言えない複雑な心持ちだったことを今でも覚えています。

私は、これまでいつも社会に対して何かお役に立ちたいという思いで生きてきました。困っている人がいると、どうしても居ても立ってもいられない性格なのです。その私の性格の原点、それはあの焼け野原の街で、人さまのためを思い、人さまのお役に立とうとして、なけなしの配給米を全部提供し、炊き出しのおにぎりを作って多くの人々に配っていた父と母の姿にあります。人間は一人で生きているのではない、周囲の人とつながりを持ち、信頼関係を保つことがいかに大切かを両親が教えてくれました。こうしたことが現在の私の生き方に大きな影響を与えていると強く感じています。

昔は「向こう三軒両隣」と言われていました。幼いころの私の日課は、朝起きて自宅の前を竹ぼうきで掃除することで、掃除をしていると父から、「自分の家の前だけでなく、隣の家の前もちゃんと掃いておけ」とよく言われました。私は、〝どうして隣も掃かなくちゃいけないのかな〟と思いながらも、父の言葉に従い、毎朝隣近所の家の前も掃除していたのです。

昔は、こうした教育が家庭の中にあたりまえのようにありました。今はどうでしょうか、自分の家の前しか掃除しないという人が増えたように思います。隣近所は関係ないといった風潮があり、なんとも寂しいかぎりです。しかし、子供の心は、家庭での家族の関係、学校における人間関係だけで成長するのではなく、地域との関わりの中でも大きく成長することを、私たち大人は忘れてはなりません。親が〝自分の家族さえよければ……〟という生き方や考え方であるならば、その親のように自分のことしか考えない子供に育ちます。子供は親の生き方をしっかりと見て、感じて、育ちます。

私たちは、よりよい自分づくりに努め、温かく住みよい社会づくりに貢献してきたでしょうか。「生き方の心棒」として、他人はもちろん自分に対しての誠実さや優しさ、人の役に立ちたいという気持ちを持ってきたでしょうか。それらのことを、あらためて考えてみることが必要です。親自身がこれまでどのような生き方をしてきたのか、それが大きく問われているのです。

第八章　父性・母性が「親学」の原点

高橋　史朗

高橋《たかはし》 史朗《しろう》

早稲田大学大学院修了。米国スタンフォード大学フーバー研究所客員研究員、臨時教育審議会専門委員、青少年健全育成研究会座長（自治省）等を経て、現在、感性教育研究所所長、師範塾塾長、「民間教育臨調」運営委員長、明星大学教授、玉川大学大学院講師、親学会副会長。

社会的コンセンサスの喪失

現在、「家庭教育はいかにあるべきか」という社会的なコンセンサスが失われており、家庭での教育力が著しく低下しています。

私は家庭教育の話をするときに、「しっかり抱いて、下に降ろして、歩かせろ」と必ず話すのですが、三十代以下の学校の先生も親も、その言葉自体を知らないのが現状です。日本人には日本人独特の「文化の遺伝子」があり、それが綿々と受け継がれているはずです。その「文化の遺伝子」が現在はうまく継承されておらず、スウィッチ・オフの状態になっていることが子供たちの心の荒廃、アイデンティティーの危機の根因であり、家庭の教育力の低下、家族の機能不全の要因になっているのではないかと思っています。

このような現状について、データを基にしながら話を進めたいと思います。内閣府が二〇〇三年に実施した世界青年意識調査によれば、「男は外で働き、女は家庭を守るべきだ」という考え方については、「賛成する」一六・一%に対し「反対する」は六八・五%で、前回（一九九八年）調査と比べて「反対する」が七・三ポイント増えています。男女別にみると、「賛成する」（女性一一・八%、男性二〇・三%）は女性より男性に高い。時系列では「反対する」は一貫して増加しています(下図参照)。

また、二〇〇四年二月に日本青少年研究所が、日本・アメリカ・中国・韓国で行った「高校生の生活と意識に関する調査」を発表し、『読売新聞』『産経新聞』にその記事が掲載されました。

この調査では、「男は男らしくすべき」「女は女らしくすべき」という問いに、それぞれ「はい」と答えたのは日本がいちばん少ないという結果が出ています。「女は女らしくすべき」という問いに関しては、「性」に対して開放的なイメージのあるアメリカの女子が半数以上の五六・五%なのに対し、日本の女子は二二・五%しか「はい」と答えていないのです。

男女の役割観(経年比較:日本)　「男は外で働き、女は家庭を守る」

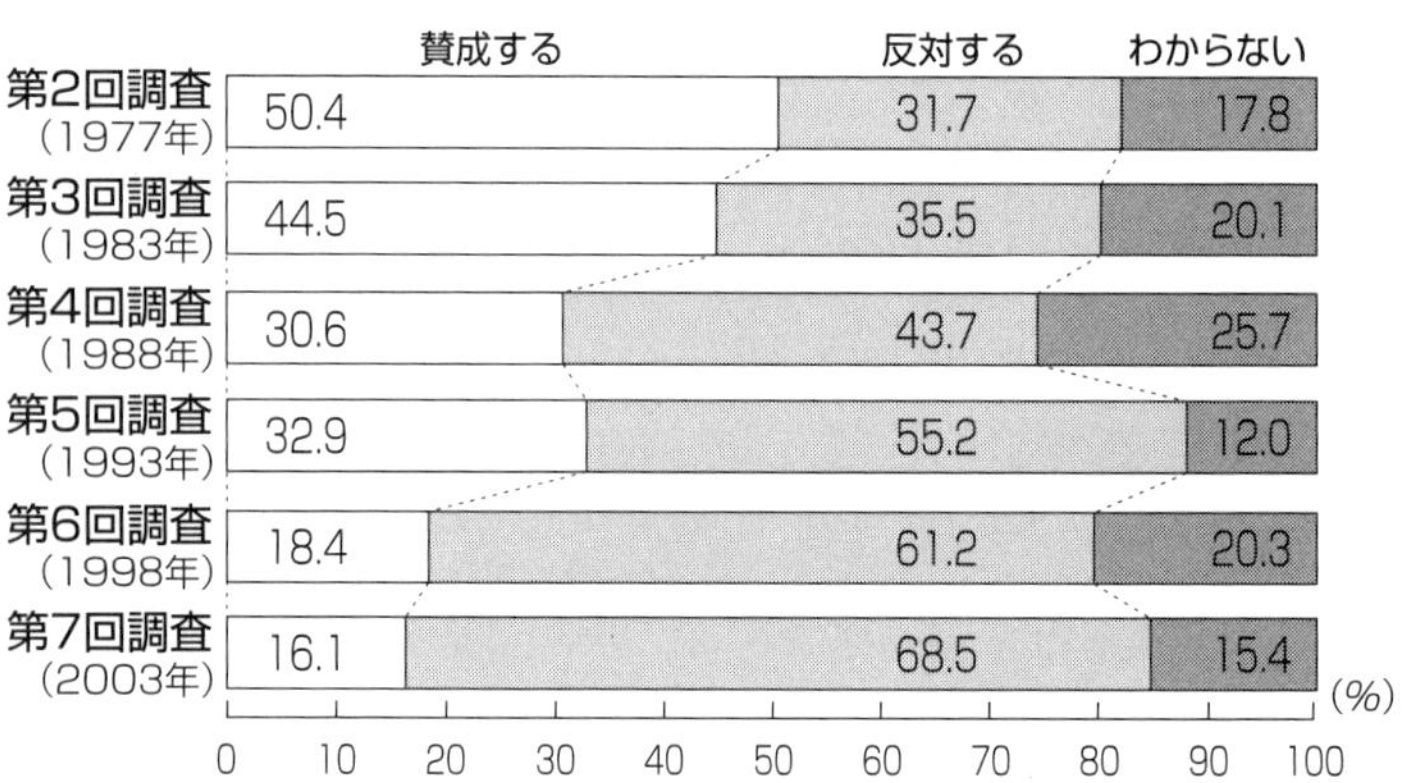

さらに、「結婚前は純潔を守るべき」という問いに関しても、日本はアメリカよりも低く、女子でアメリカは五五・九%なのに、日本の女の子は二九・二%しか「はい」と答えていません。中国や韓国では七五%を超える人が「はい」と答えています。

また、「売春は本人の自由」という問いでは、肯定する人はアメリカがいちばん高くて二八%、次いで日本の二四%という結果でした。

この調査から、私たちは何を読み取ることができるのでしょうか。まず、「男らしく」「女らしく」と言ってはいけないと大人が思い込んでいるために、礼儀作法やマナーを注意できず、しつけができなくなっているのではないでしょうか。

これが、冒頭に述べた家庭教育についての社会的なコンセンサスが狂いはじめていることの表れです。この問題について、高校生の意識の変化の実例を挙げたのですが、今度は親の世代の意識の変化について見ていきたいと思います。

国立社会保障・人口問題研究所の平成四年と十四年の出生動向基本調査を比較した資料では、この十年間で既婚女性の意識はどう変わったかということが分かります。

それによると、「結婚後は、夫は外で働き、妻は家庭を守るべきだ」という考えに対して、賛成だと答えた人の割合が、平成四年では三九・八%、十年後の平成十四年になると二七・五%に減少しています。

「結婚したら子供を持つべきだ」ということについては、この十年間で八七・八％から七三・六％に減少しています。この答えには「まったく賛成」と「どちらかといえば賛成」が含まれているのですが、「まったく賛成」、つまり子供を持つことに積極的に賛成を唱えているのは、なんと四六・九％から二四・二％へと半減しています。

なぜそのような結果が表れたのでしょうか。実は、これには一九六〇年代生まれの既婚女性が調査対象に含まれるようになったことに原因があると言われています。雇用機会均等法の成立は、昭和六十一年（一九八六年）です。その雇用機会均等法施行のあとに就職し、経済力を持った女性たちが、それ以前の世代と大きく違っていると言われています。その世代は、「晩婚化」や「結婚しても生む子供の数が少ない」といったところに特徴があります。

「おじいさんはずるい」

以前、私立幼稚園連合会や日本保育協会、日本ＰＴＡ全国協議会、日本青年会議所などの全国大会に呼ばれて、私は基調講演をしましたが、そのときのテーマの中心は、子育て支援あるいはジェンダーフリーの問題などです。

全国の幼稚園、保育園、ＰＴＡがこの問題を全国大会の中心テーマに掲げているという事実は、ジェンダーフリー教育がいかに教育界の共通の関心事になっているかを示しています。

感性や心を育てようとするとき、行き過ぎたジェンダーフリー教育というものが大きな阻害の要因になっており、親たちの意識を未曾有《みぞう》の混乱状態に陥れていることを理解する必要があります。

先日もテレビ朝日の『ＴＶタックル』という番組が私のところに取材に来て、ジェンダーフリーの問題を取り上げました。社会的な関心は高く、高視聴率だったようです。

その『ＴＶタックル』でも取り上げられたのですが、「桃から生まれた桃子」（神奈川県・市町村女性行政連絡会発行）という「ジェンダーフリー物語」と言われる話があります。昔話に登場する男と女を逆転させているのです。つまり、おじいさんは川へ洗濯に、おばあさんは山へ柴刈りに行くという話に作り変えられて、この物語が全国各地で話されています。

元の話を知っている子供たちにこの話をして感想を求めたところ、「おじいさんはずるい」と書いた子がいたそうです。おじいさんがずるいのはなぜかと聞いてみると、柴刈りは楽な仕事なのに、おじいさんはおばあさんに今までは大変な洗濯ばかりやらせていたというのです。柴刈りが楽だという根拠はなんなのでしょうか。私はそう考える子供たちには、一度柴刈りをさせてみたらいいと思いました。

私は旧自治省の青少年健全育成研究会の座長をさせていただきましたが、以前、兵庫県が中学生を対象に行っている体験学習である「トライやるウィーク」に、自治省の役人や登山家で医師の今井通子さんなど、いろいろな人たちと視察したことがあります。私も実際に山に行って柴刈りをする体験をしたのですが、たくさんの傷を負いました。そして柴を背負って歩いて行くのもまた大変です。柴刈りは実に重労働でした。

もちろん洗濯も大変なのは当然です。昔話の洗濯は、洗濯機などがないので、柴刈りのほうが大変だ、といちがいに言えないかもしれませんが、「おじいさんはずるい」という考え方を持つ子供たちの背景には、洗濯はいやな仕事で、柴刈りは楽な仕事だと思わせてしまう教育が存在するということが分かります。

ジェンダーフリーの呪縛

ジェンダーフリーの例をもう一つ挙げておきます。

神奈川県・市町村女性行政連絡会が出した資料で「好ましくない表現」とその「置き換

え例」が出されています。

まず「父兄」という言葉を使ってはいけないそうです。男中心ではないかというのです。兄弟は兄弟姉妹、サラリーマンは勤め人・会社員、セールスマンは販売員、カメラマンはフォトグラファー・写真記者と表現すべきで師弟も使ってはいけないそうです。師弟関係という言葉は認められないのです。以上は「男性を優先する、または男性に人間全体を代表させる表現」として挙がっています。

続けて、女性の場合のみ、性別・年齢を強調する例として、女流作家、女医など。女性を常に従属的にとらえる表現として主人・亭主、奥さん・家内など。結婚を家中心にとらえる表現として、嫁ぐは結婚する、嫁は息子の妻、婿は娘の夫に言い換えるべきだとされています。

性別により職業・役割を限定する表現として、「看護婦」「保母」など。個性を性別と連動させてとらえる表現として、「女（男）のくせに」「男勝り」「女だてらに」「女の腐ったような」などは使用してはいけないとしています。「男らしさ・女らしさ」も、男女差別につながるというのです。ジェンダーフリー教育の影響が、はっきりと示された例だといえます。

また、脳の性差を研究している新井康允《あらいやすまさ》氏（人間総合科学大学教授）は、「地球丸ごと学会」において次のような調査を発表しました。
五、六歳児が書いた自由画のモチーフを見ると、女の子は五七％が花を書きますが、男の子はわずかに七・二％です。乗り物を見ると、女の子は四・六％しかいないのに対して、男の子は九二・四％もいます。小学生の自由画のモチーフでは、人間は女の子で五三・八％なのに対して、男の子は一七・八％です。樹木は女の子が四二・七％、男の子が一二・六％です。乗り物では女の子が〇・四％で、男の子は五九・六％です。
この調査が何を示しているのかというと、つまり、「男らしさ」「女らしさ」というものは脳の性差に由来しているということです。後からつくられた文化的、社会的性差を「ジェンダー」といいますが、それをジェンダーフリー教育はなくそうとしているのです。私たちが留意しなければならないことは、ジェンダーフリーと男女平等は全く違うものだということです。

平成十五年七月二十三日付の『読売新聞』の社説がジェンダーフリーをめぐる混乱をうまくまとめているので略記してみます。

ここには、男女共同参画社会基本法は、「性別にかかわりなく、その個性と能力を十分に発揮することができる」社会の実現をめざすという目的を持って作られた法案であるが、その制定へ向けての審議会の専門委員だった大澤真理《おおさわまり》東大教授が、その著書の中で「男女共同参画ビジョン」について、ジェンダーフリーをめざすものだと短絡的にとらえて解説したこともあり、基本法への誤解が広がったとしています。その後ジェンダーフリーだけが一人歩きした感があり、政府が基本法の法案を作成する段階で、「男らしさ」「女らしさ」を否定するものではなく、ジェンダーフリー教育とは一線を画していることを明言していると強調しています。

そして、この社説では、「ジェンダーフリー教育は男女共同参画社会基本法の趣旨とは無関係である。教育現場は、ジェンダーフリーの呪縛から一刻も早く脱却すべきである」と結んでいるのです。

「共活」という理念が新しい秩序を創る

男女平等は、英語では「ジェンダーイコーリティ」「ジェンダーフェアネス」といい、これらが世界で通用する言葉です。「男である、女であるということで権利が不当に差別されない」という男女平等の理念を意味しているものなのです。それは普遍的なものですから、むろん日本人は、おおいにこれを制度として取り入れる必要があります。しかし、そのことと、男女の特性とか男らしさ、女らしさそのものを否定するということとは、完全に別のことと考えなければなりません。

男女共同参画社会は、男女共創社会とも言ってよく、「共創」は、共に創るという意味です。「競争」は自己優先の価値観で、「共生」は共に生きる自他を容認する考え方で、男女で言えば「男」と「女」もお互いを認め合おうというのが「共生」の価値観です。「共創」とセットになっている考え方に「共活」という言葉があります。共に違いを活かし合って、共に新しい秩序を創っていくことです。ですから「共活」「共創」という言葉が意味するものが、二十一世紀のホリスティック、つまり包括的な考え方のパラダイムになると私は確信しています。

「男」と「女」の違いや、特性というものを活かし合い、補い合い、認め合って、和合の文化を創り上げていくことこそが大事なのではないでしょうか。そして立場や特性が違うものが、共に新しい秩序を創っていくということ、それが真の男女共同参画社会です。そこで、男女共同参画社会基本法では、第一条で「豊かで活力ある社会を実現する」と謳《うた》っているわけです。

豊かで活力ある社会を実現するために、男女の違いや特性を否定し排除することのほうが活力ある社会を生むと考えるのか、あるいは男女の違いを活かし合い、補い合っていくほうがより豊かで多様な活力ある社会を生むと考えるのか、いったいどちらでしょうか。

軽減していく親の責任意識

二〇〇二年十月に発表された厚生労働省の調査によりますと、「子供を持って負担に思う」と答えた人が八割も占めているのです。これには驚かされます。なぜ子供を持って負担に思うかと尋ねると、「自分の自由な時間が持てない」というのがいちばんの理由になっています。

女子学生と話をしていると、その多くは「結婚、出産、子育ては、自分が犠牲になることですよね。自分自身の趣味を満喫し、やりたいことにあきたら結婚したい」などという意見が出ます。結婚に対するイメージが非常にネガティブになっていると言えます。だから非婚化・晩婚化・離婚化・少子化ということは、そういった女性の意識の変化に関係していると私は思います。

昭和六十一年（一九八六年）、男女雇用機会均等法が成立しました。それによって、女性の時間自体に労働力としての価値があるということが強く意識されるようになりました。自分の時間を子育てに使うことで、失う所得や楽しみの機会というものを意識するようになり、子育てはタダ働きであるという考えが浸透する原因にもなったわけです。

ヨーロッパと日本の決定的な違いがここにあります。もちろん国によって違いますが、ヨーロッパの親たちは、家庭でわが子を教育する義務や責任が親にあると考えています。つまり「家庭義務教育」という意識が強いのです。ところが、日本の親の意識は、義務教育は就学の義務、つまり学校に通わせて教育を受けさせる義務だと考えているのです。

家庭で育児をするか保育園に預けるかは親の自由ですが、選択の自由と言いながら、今の日本の制度では「預けたほうが得」という制度になっていることは否定できません。働かざるを得ないような方向に制度がつくられているのです。その根本には政府の政策転換があります。「労働力の確保のために三十代の女性を効率的に働かせよう」という強い政策意図が働いているのです。一見、家庭での育児、保育園に預けるなどの選択肢があるようにみえて、実際には税金を納める労働者のためだけの労働者支援になっており、子供を自分で育てることが困難な状態になってきているのです。

A・B・シュムークラーは『選択という幻想』（青土社）という本で、「選択の自由とか多様性が進んでいるようにみえながら、市場の競争に不利な選択が困難になり、実際には画一化が進んでいる」と説いています。

一方、ヨーロッパをみると、ノルウェーでは一、二歳児には三万から四万二千円、デンマークでは二歳児から五歳児に五万九千円が在宅育児手当として毎月出されています。中には家庭義務教育制度をつくり、法律として成立させている国もあるほどです。このように親が子供と関わることに対して、国が経済的な支援をしているのです。ところが、日本では労働者としての親を支援するという制度になっています。なんという違いでしょうか。このような状況では、だれも子育てをしようとはしなくなるのではないでしょうか。

女性の家庭生活と職業生活が両立するために望ましい形は、家庭育児が成り立つ働き方を支援することだと思います。日本においても、潜在的には子供が三歳くらいになるまでは家庭で育てたいという親がたくさんいるはずです。しかし、そういう人々の声は表に出てきません。もっぱら経済論的視点から子育て支援というものが考えられています。「待機児童ゼロ作戦」や「十三時間保育」などは、みんな経済効率論からきている考え方です。

保育政策においても市場の競争原理がどんどん入ってきています。例えば、母親たちが保育園の人気ランキングなどに書いているのを見ると、「ここでは二十四時間預かってくれる」とか、「年末年始も預かってくれる」とか、「延長保育をしてくれる」などというものがあります。つまり、働いているお母さんにとって便利か、都合がいいかということだけに重点が置かれているのです。

家庭で子供を教育するのは親の義務と権利で、家庭教育というものが教育の原点であり、親がその主役であるはずなのに、主役である親がサービスを選択する側に立てば、単なる消費者になってしまうことになります。そうすると保育サービスを充実すればするほど、どんどん親の責任は軽くなっていき、親の責任意識もどんどん低くなってきます。

そこに一つの大きな矛盾があるのではないでしょうか。保育サービスを充実させればさせるほど、家庭が崩壊していく方向に向かい、親子のきずなもどんどん崩壊していく方向に進んでいくしかないのではないかと思うのです。

子育てのマクドナルド化

一方、「子育てのマクドナルド化」と呼ばれる問題があります。私は、「コンビニ保育」という言葉を使っていますが、「いつでもどこでも子供を預けられる保育」のことです。それは一見、少子化対策につながるようにみえますが、私は少子化対策の解決にはならないと考えています。

社会学者のジョージ・リッツァという人が書いた『マクドナルド化する社会』（早稲田大学出版会）では、そのタイトルの言葉を定義して「ファースト・フード・レストランの諸原理がアメリカ社会のみならず、世界の国々のますます多くの部門で優勢を占めるようになる過程」としています。特徴としては、「効率性」「計算可能性」「予測可能性」「不確実の制御」といった四つの側面を説いています。しかし、子育てはすべてこれらとは反対に予測不可能なこと、計算できないことと心得なければいけません。

子供たちの感性や心が育つためには、「手間隙かける」「手塩にかける」プロセスが必要不可欠であり、これは効率化、合理化できないものです。ですから子育てをマクドナルド化する社会に迎合させてはいけないのです。ところが、今の行政による子育て支援策なるものは、その簡便性や手軽さを求めて効率化する社会に子育てまでも迎合させようとしているのです。このことを私たちは心に留めておかなければなりません。

育児手当が子供を消費財にする

ヨーロッパにおける子育て支援策は日本とはたいへん異なっています。根底には、子育てをする権利として、「家庭義務教育」があるという考え方が強くあります。それに対して、日本で義務教育というと就学義務のことになってしまいます。池本美香氏（㈱日本総合研究所調査部主任研究員）は『失われる子育ての時間』（勁草書房）の中でこのことを詳しく述べています。

北欧のノルウェー、フィンランド、デンマークでは、国が在宅育児手当を出していて、デンマークは月六万円だということです。それから教育者としての親を支援している国に、オランダ、デンマーク、ニュージーランド、スウェーデン、ドイツ、イタリアがあるそうです。

ところで、少子化しない社会にはある共通点がみられます。それはふるさとへの愛着心があるということで、祖先に強い心のつながりを感じていることがわかります。命の縦のつながりと横のつながりを、私は「命の連続性」と「連帯性」と呼んでいますが、それを豊かに感じているところでは少子化していないのです。

そうであるのなら、私たちはそのような少子化しない社会をつくっていくことを目指していくべきです。池本氏は次のような指摘をしています。

非効率、予測不可能な親子の関係性が「関係としての時間」の最後の砦《とりで》である。ミヒャエル・エンデは『モモ』という作品を書いているが、主人公の少女モモが時間貯蓄銀行の灰色の紳士から町に時間を取り戻したように、人と人とのつながりから幸せを取り戻す鍵を握っているのは子供である。子供を核とした合理化・効率化されていない時間、空間を守るための垣根を作る必要がある。

ところが、今は子供が消費財になろうとしています。子供のめんどうを見る人にはどんどんお金を出すということになると、子供は消費財になっていくしかありません。私たちは、子育てをまるで荷物を預けることと同じように考えてよいのでしょうか。

心を破壊する東京革命

それでは、家庭教育をどのように支援したらよいのでしょうか。全日本私立幼稚園連合会から私に送られてきた資料に、「長時間保育は親として育つ機会を保護者から奪う」、また「専業主婦を励ます視点が皆無である」などという意見がありました。「子育てに家庭が責任を持てる就労形態をめざす姿勢がみられない」という意見も寄せられたのです。

東京都私立幼稚園連盟からは、「大人にとってだけ便利な政策をつくるのではなく、親も子も共に成長し合える保育所を」という意見や、「これからは親も子もともに成長し合える幼稚園、保育所を」という意見などがありました。全国の幼稚園や保育園や保育所は、親がそこで子供とどう関わっていったらよいのかを学ぶ「親学」の拠点になって、親も共に成長し合えるような幼稚園や保育所になっていくように努めるべきです。

また、日本保育協会東京都多摩支部からは、「親中心の利便さが先行しているのではないか」という意見が寄せられました。二〇〇三年八月、国の次世代育成支援政策のあり方に関する研究会では、「子どもの幸せという視点に立ち、親の子育て力が高まるよう支援を行うべきであり、親が自分の都合を優先するあまり、育児の責任を放棄するようなことがあってはならない」と指摘しています。

あるいは五年前の東京都児童環境づくり推進委員会の最終報告でも、「その効率の悪さが子育ての特性」であると逆説的なことを言っています。なかなか効率よくいかない、手間隙がかかる、そのプロセスが子供の感性や心を育てるのです。また、子育ての効率の悪さを合理化したり効率化していくことは、子供の感性が育たない、心が育たないということです。「二歳までの子どもは小規模で、心理的にも安心できる家庭的な雰囲気で育つことが望ましいといわれます。したがって、0歳児の保育時間の延長などは、親の立場からの要請があるにしても、子どもの成長には望ましいとはいいにくい」と明記されています。

ところが、東京都の「心の東京革命」には「待機児童ゼロ作戦」が含まれています。五万人いると言われている0歳児を保育士に預けようというのです。それがどういう結果を生むか分かっているのでしょうか。国も東京都も、前述の東京都児童環境づくり推進委員会の最終報告を真っ向から否定する都市型保育サービスの充実策を推進しているありさまです。この子育て支援策が経済の効率を優先すれば、子供の最善の利益を損ない、親と子の心を破壊するという恐ろしい結末が待っているのです。

「心の東京革命」ではなく、「心を破壊する東京革命」が確実に進行しているのです。親と子の心のきずなが切れ、家庭が崩壊していくことになるのではないでしょうか。五万人もの0歳児を保育所に預けるのであれば、新たな学級崩壊が必ず起きて、子供たちのさまざまな問題行動が表れると予測されます。それらが表れてからでは遅いのです。対症療法だけでは間に合いません。だから今、乳幼児におけるこの国の政策の誤りを正さなければ、教育崩壊を止めることができなくなってしまいます。そんな火急の思いで、私は叫ばざるを得ないのです。

平成十四年（二〇〇二年）にベネッセ教育研究所が行った母親調査では、「『三歳までは母の手で』という意識がとても気になる」と答えた人は二五％しかいませんでした。日本人は昔から「三つ子の魂百まで」と言い伝えてきました。子供は、三歳までは家庭でしっかり育てることがとても大事だと考えてきたわけです。しかし、今や四分の一しかそういうことを気にする人がいなくなったのです。平成四年の出生動向基本調査では、「子供が小さいうちは、母親は仕事を持たずに家にいるのが望ましい」と答えた人が八八％もいました。この大きな差には注目が必要です。

つまり、この十年近くで母親の意識の大変動が起きているのではないでしょうか。もちろん事情があって働かざるを得ない母親や親の共働きを支援することは必要です。私はそのことを否定しているのではなく、「三歳くらいまでは、とても母子関係が大事なのですよ」ということが、だんだん否定される教育が進んでいるということに危惧を抱いているのです。手づくり教育が大事だという「手づくり神話」を否定し、三歳までに母と子が接することが大事だという「三歳児神話」には、科学的な根拠はないというのが平成十年の厚生白書に記されていました。このような考えが家庭科教科書にも表れてきて、少なからず影響を与えているのです。

アメリカはいかに転換したか

一九九二年以来、アメリカで大ベストセラーになったロバート・ジェームズ・ウォラーの『マディソン郡の橋』は、家族や共同体を優先したことにより、家庭が守られたという物語ですが、日本では「不倫の純愛」として宣伝され、「不倫のすすめ」として読まれました。旅行に出ていた家族があす帰ってくるという夜、カメラマンが主婦にいっしょに家を捨てて出て行こうと誘うのですが、その主婦は家族のもとに留まることを選択するのです。

「私にはここでの暮らしに対する責任があります。あなたがほしいという気持ちを優先させれば、その自分の利己的な欲望に負けて、あなたについていってしまうでしょう。でも、お願いだからそんなことはさせないで。わたしの責任を放棄させないで……」

彼女は彼にそう言って、後日そのときのことを、息子と娘への遺書の中で次のように告白しています。

「自分のことだけを考えると、自分の判断が正しかったかどうか分からなくなることがあるけれど、家族のことを考えれば、私は間違っていなかったのだと思います」

離婚率が五〇％を超え、個人の自由が優先されて家庭が崩壊し、家族のきずなを見失ったアメリカ人がこの本を読み、家族が健全であった一九六〇年代の「古きよき時代」を思い、悔恨《かいこん》の涙に暮れたのです。

同書が出版された四年後の一九九六年、クリントン大統領は年頭教書で六つの挑戦を訴えましたが、その第一が次のような「家族の強化」への挑戦です。引用してみます。

「われわれの第一の挑戦は、子供を大切にし、アメリカの家族を強化することである。家族はアメリカの生活の基礎である。われわれがより強い家族を持つならば、われわれはより強いアメリカを持つことになる。すべての強い家族は、子供たちに対して、われわれがもっと責任をとることから始まる」

このような「家族の強化」を重視する考え方は、政党の政治的立場やイデオロギーを超えて共通しているようです。過去三回の大統領選挙で民主党も共和党もトップ公約に「伝統的家庭の価値を取り戻す」を掲げている事実がそれを示しています。

ブッシュ大統領は全米サミットにおいて、結婚と家庭を強化するフォーラムを推進する決意を表明し、子育ての訓練などのプログラムに一年間で六千四百万ドル、家庭を強化するための政府プログラムに五年間で三億千五百万ドルを投入することを明らかにしました。

アメリカ政府が家庭を強化しようと支援しているのに、日本政府は働いている母親だけを支援しているのです。まさに日米は正反対の道を、互いに背を向けながら遠ざかって進んでいるように思えます。

考えてみると、アメリカは過去三十年余にわたって、政府が母子家庭や未婚の母を保護し、生活保護や社会的サービス面で優遇してきました。それが離婚を促進し、家庭崩壊・家族崩壊を助長する要因となってきたのです。アメリカはそこで政策を転換したわけです。

私がアメリカでGHQ文書を研究していたのは今から二十三年前で、ちょうど三十歳のときにアメリカに行き、当時、子供が子供を産んでいるという新聞記事を三年間、何度も見ました。つまり、未婚女性の産んだ子供が年間百万人を超えている状況で、家族が解体し、家庭が崩壊していたのです。

しかし今、アメリカは性教育も自制、自律の生き方を育む方向に大きく方針転換し、家族のきずなを大事にしようという方向に大きく変わってきているのです。日本がかつてのアメリカが進んだ道をたどることなく、アメリカと肩を並べて歩くために、日米が逆方向の道を歩んでいることに気づき、一刻も早くきびすを返すよう願わざるを得ません。

ジェンダーフリーと男女平等とは別のものである

感性という文化感覚を育てるという観点から考えれば、日本人が持ち続けてきた文化は「感性の文化」といえるでしょう。それはバランス感覚と言ってもいいものですが、崩れ始めるととめどなく崩壊していく危険性をはらんでいます。今では、家庭で文化が受け継がれなくなってきました。そのことが今日の子供たちの心の荒廃、問題行動の深刻化の一つの背景ではないでしょうか。

さらにジェンダーフリー教育が、それに拍車をかけているのです。まず言葉狩りが始まりました。ジェンダーに敏感な視点から「こういう言葉を使ってはいけない」ということです。「コマーシャルの中の男女役割を問い直す会」などのチェックが始まり、片っ端からコマーシャルにクレームをつけています。

例えば「私つくる人」「僕食べる人」というハウス食品のラーメンや「男はだまってサッポロビール」というコマーシャルや、丸大食品の「わんぱくでもいい、たくましく育ってほしい」というコマーシャルもなくなりました。そのうち消えるのは伊藤園の「おーいお茶」というコマーシャルでしょう。これは男が要求して女がお茶を入れるという内容だからだそうです。

その一方、歌手のにしきのあきらさんが、干してある洗濯物の中に顔をドーンと突っ込むという洗剤のコマーシャルがあります。洗濯というのは女性の役割と考えられていましたが、このコマーシャルでは全員が男性です。また、夫にバズーカ砲のようなものを打ち込んで「働け！」と女性が叫ぶ栄養ドリンクのコマーシャルやタレントの関根勤さんが小さな男の子とトイレを掃除するというコマーシャルもあります。こういったコマーシャルは問題にされません。要するに男性優位が駄目だと言いたいのでしょう。

それから校歌が問題になりはじめました。質実剛健を強調したような歌詞が多いため、そういう言葉は固定的な考え方で、「男らしさ」「女らしさ」を押しつけているということになるというのです。神話・昔話にもクレームがつきはじめたというのですから、これはもう言語道断だと言えます。

最近、『読売新聞』や『産経新聞』が多く取り上げていますが、静岡県沼津市の五年生が校外の宿泊学習に行ったとき男女が同じ部屋に宿泊したとか、修学旅行で男女が同じ部屋に泊まっていたなど、そのような話はあちらこちらで出てきています。

北海道教育委員会が実施した道内の公立小・中学校および公立高校（全日制）の昨年度の健康診断等の実施、状況調査によれば、男女いっしょに身長、体重測定を実施している小学校は約三分の一、中高では五％から二六％、男女混合で騎馬戦を実施している小学校は七〇％から八〇％、中学校は二五％から三〇％、高校は八％、男女混合で徒競走を実施している小学校は約七割で高校は一割、男女共修で体育の授業を実施している小学校は全校、中学校は七四％から七七％、高校は一六％であるといいます。男女を区別することが差別につながるという考え方が、このような結果につながっていると言えるでしょう。

神奈川県、千葉県、福岡県で男女が同じ部屋で着替えをしているという例もたくさん報告されています。また、『週刊新潮』は、北海道と同様、身体検査が男女同じ部屋で行われていると何度も取り上げています。「男と女を区別する名簿が差別」だという男女混合名簿を作ることと同じ発想です。男と女が別の部屋で宿泊したり着替えをするのは差別だというのでしょうか。

ここまでくれば何をか言わんやでしょう。そんなことは世間では通用しません。世間の一般常識と教育界のジェンダーフリーの名のもとに行われていることの誤解の大きなギャップ、このギャップを埋めていくことが大事なことだと思います。常識を基準にしてそこに戻ればいいことです。極端なやりかたをやめればいいのです。

確かに、極端に「男らしさ」「女らしさ」を言いすぎることももちろん問題です。ですから固定的性別役割分担意識というものも、極端なものは排除しなければなりません。しかし、いい意味での「男らしさ」「女らしさ」は、アイデンティティーを形成するうえでの教育の大事な役割なのですから、育てなければなりません。

「自分らしさ」の中に「男らしさ」「女らしさ」が含まれているのであって、「男らしさ」「女らしさ」を抜きにして「自分らしさ」だけを取り出そうとするのは、「日本人らしさ」を抜きにして「人間らしさ」「地球市民らしさ」を強調するのと同じ過ちです。

私たちは一人ひとりが、個別具体的な「男」であり「女」であり「日本人」であるのです。その延長線上に、はじめて普遍的な「自分らしさ」「人間らしさ」というものがあるのです。「男」であり「女」であることの持つ個別性をなぜ否定しようとするのでしょうか。「個性」を大事にすることは正しいことです。しかし、その「個性」を形成するうえで不可欠な要素としてある男女の特性、つまり「男らしさ」「女らしさ」を否定することは間違いだと思います。

神さまが男と女を創ったということは、「男」であること、「女」であることを含み込んだ個性に意味があるからなのです。すなわち「陰」と「陽」の役割分担を否定することが問題なのです。「男女平等」とジェンダーフリーはまったく次元の違う問題としてあるのです。このことは何度繰り返しても言い足りないほどです。

しかし、「男のくせに」「女のくせに」と言いすぎたり、「高校生らしくしなさい」など「……らしく」ということに過剰な意味を込め、その意味する内容もあいまいなままに言いすぎると、それは良くないことです。要するに、両極端を排除すればよいのです。男と女というものの「良さ」と「違い」、それから「短所」と「長所」の両方がありますから、この「短所」と「長所」を補い合い、そして高め合って和合していくことが大事なのではないでしょうか。

教育の「育」の視点で考える

男女共同参画という名のもとで、誤ったジェンダーフリー教育が全国に広がったため、政府は一生懸命にバランスを取ろうと修正を図っていて、全国の担当課長を集め政策研修会を開催しました。私も最近、地方自治体や「連合」に所属する女性団体などで「真の男女共同参画社会とは」という講演を各地で求められるようになりました。

私は男女共同参画に反対しているのではありません。男女平等に反対しているのでもありません。ただ、これらとジェンダーフリーは全く違うことだということを理解していただきたいのです。

この問題に関しては、「親学」や教育の原点に立って考えを進めていかなければならないと思います。真の男女共同参画とはどういうことなのか。真の男女平等とはどういうことなのか、何が子供の心を育てることになるのか、何が子供の感性を育て、何が子供の主体を形成し、何がアイデンティティーを形成するのかという「教育」の「育」の立場を中心に考えていくべきなのです。

教育の「教」の立場で考えていくと、大人が何を教えるべきなのかということになり、「イデオロギー」が入り込んでくることになります。しかし、何が子供の脳を育て、感性を育て、心を育て、そして子供の主体を形成していくことになるのかという「育」の視点で考えると、イデオロギー対立を超える地平を切り拓《ひら》くことができるのです。「人格の基礎」「自律の基礎」は、何によって育つのかという教育の「育」の視点から考えるならば、「男らしさ」「女らしさ」というものも、子供が自律していくために、アイデンティティーを形成していくためには必要不可欠なものとなるのです。

「父性・母性」をめぐって

恵泉女学園大学教授の大日向雅美《おおひなたまさみ》さんは、「母性は本能ではない」ということを盛んに述べています。『母性の研究』（川島書店）という本を書いて大きな論議を巻き起こしましたが、これは家庭教育事業推進のガイドブックなのです。平成十一年、彼女が文部科学省の「今後の家庭教育支援の充実についての懇談会」に委嘱され翌年に出来上がった、このガイドブックに従って文部科学省の家庭教育事業が推進されているのです。その懇談会の座長が大日向雅美さんです。

例えばこう書いてあります。

「性別による、らしさを強調する家庭教育は、時代の要請に適して生きていくための力を獲得することを阻むことになりかねません」と。つまり、「男らしさ」「女らしさ」を教えたら、これは生きていく力を阻むことになるというのです。確かに、そういう考え方の人がいてもいいし、おおいに議論したいところですが、それが文部科学省の懇談会の全国のガイドブックになっているとなると、これはもうただごとではありません。

文部科学省は、「父性・母性」という言葉を使わなくなりました。「親学」という立場から考えれば、父性・母性は大事な教育の原点であり、家庭教育の原点だと私は考えています。彼女はそれを差別だというわけです。しかし、父親の役割や母親の役割、そして父性や母性というものを差別だと否定するのであれば、いったい何が家庭教育の役割なのか分からなくなり、混乱がエスカレートしていくしかないでしょう。これがジェンダーフリー思想の及ぼしている影響の実態です。

そしてこのガイドブックでも「表現に注意しましょう」ということで、先ほどのような、「こういう言葉を使ってはいけない、ああいうイラストを使ってはいけない」ということが書いてあります。神奈川県が出したものには、避けたい例として「男子がサッカー、女子が縄跳びをしている」ような絵は使ってはいけないと、具体的に各行政に介入してきているのです。「エプロンをしている母親」などは、固定的な性別役割分担を連想させるということで全部駄目ということになったのです。

このような発想から、四十三の都道府県で条例が出されています。これはある意味で中国の「文化革命」と同じだと言えます。「ジェンダーチェック」といい、知らず知らずのうちに私たちの感性、感じ方などにチェックが入っているのです。例えば、「長男が嫁をもらう」などと言えば、これは差別だということで、チェックされてしまうのです。

親のジェンダーチェック度、教師のジェンダーチェック度、子供たちのジェンダーチェック度がそれぞれチェックされます。チェックして教育するために研修が必要だということで、そのプランまではっきり書かれているのです。そのような固定観念がどんどんシステムの中に侵入すると、それは新たな全体主義の危険性をはらんできます。
つまり日本文化を破壊する危険性です。このことは非常に重要な問題であり、黙って見過ごせない大問題だと私は思っています。

マザーテレサのメッセージ

父性・母性に関連して、マザーテレサが北京で行われた世界女性会議で、一通のメッセージを送りました。

私は、この会議を通して、皆さんが、神の計画に添った女性の特別な役目を知り、それを愛し、誇りに思い、人生において、この神の計画を実現してくれることを望みます。私には、なぜ一部の人々が、女性と男性は、まったく同じだと主張し、男性と女性のすばらしい違いを否定するのかが理解できません。

マザーテレサは「男女のすばらしい違い」という言葉を使っていますが、この男女の特性のすばらしさを、しっかりと見つめなければならないのだと思います。

「男と女の差」、つまり後からつくられた文化的、社会的性差を「ジェンダー」と呼びますが、それをマイナスと見て、解消しようというマイナス思考が問題なのです。この男女の違いには、とても優れた良さがあります。「男女のすばらしい違い」を生かしていくことが「親学」や教育の大事な原点なのではないでしょうか。

生命の神秘「サムシング・グレート」

人間の生命というものを考えるとき、現在は遺伝子レベルでの研究が進み、いろいろなことが分かるようになってきました。

人間の遺伝子は四つの塩基、アデニン、チミン、グアニン、シトシンで構成されています。それが三十億ペアの情報となっていて、大百科事典千冊分くらいの量になります。そのの情報が、実に考えられないような小さなところに書いてあります。米一粒の六十億分の一のスペースにすべての設計図が書いてあるのです。しかも書いてあるだけではなく、一分一秒の休みなく働いています。遺伝子が働かなければ、私たちの体は生きていけません。

これは私どもが働かせているのではなく、自然に働いていているのです。

この事実は見事と言うしかありません。その狭い空間に遺伝子の暗号がすべて書き込んであり、それに従って生命は維持されているのです。その遺伝子情報を間違いなく、あるいは間違いがあってもそれを直しながら働いています。生命はこの遺伝子情報に従って決定されるのです。一つのカビが生まれる確率は、一億円の宝くじが百万回連続であたるようなことだと言います。これは信じられないことです。

人間は何十兆という細胞からできていますし、この細胞一つ一つは生きているのです。その細胞が喧嘩もせずに、見事な調和をなして働いて、人間であることができるのです。このことを「何か偉大な存在」という意味で、筑波大学名誉教授の村上和雄氏は「サムシング・グレート」と言っておられます。

性教育の現状

信じがたい偶然の重なりで生まれた生命、「サムシング・グレート」であるべき生命、その生命の尊重を伝えることを本来目的としなければならない性教育が、今さまざまな問題を抱えて混乱しています。

平成十五年七月十四日の衆議院決算行政委員会で小泉純一郎首相が、行きすぎた性教育に対して、次のように答弁しました。

「果たして小学生にこんなことを教える必要があるのか、疑問に感じます。ここまでやっていいのかな？　ちょっと行きすぎではないか。私は考え直す必要があると思います」

さらに坂口力《ちから》厚生労働大臣が次のように述べました。

「生理的な行動のみを教えるというのでは、性教育ではない。ただ現実を教えるという、つまり性器とか性交とかそういう科学的に性を教えようという、それだけではいけない。年齢に応じた性教育を行うべきである。たいへんな問題だ」

そして鴻池祥肇《こうのいけよしただ》国務大臣も青少年育成大綱の中に性教育について盛り込む考えを示し、東京都や神奈川県も実態調査をしました。文部科学省も全国調査をするように指示をしています。

私は十年前に『間違いだらけの急進的性教育』（黎明書房）という本を書き、そこで取り上げた性教育の内容が、やがて大きな影響を持つことになるだろうと述べました。その本で私が批判した、いわゆる急進的性教育グループの人たちが、今や性教育に対して主流を占めるようになりました。現在出回っている七、八割の性教育の本は、この人たちの書いた本で占められているのです。

その中で盛んに子供たちに強調され教えているのが、「性の自己決定権」ということです。「リプロダクティブ・ヘルス／ライツ」と呼ばれているもので、性と生殖の健康権利と訳されます。「リ」という接頭語は「再び・再生産」という意味です。子供を産むのは女性の権利であるということが、性の自己決定権の考え方なのです。

「リプロダクティブ・ヘルス／ライツ」について、政府はこう考えています。

「母体の健康というものが大事だということについては合意がある。ヘルスについては国際的な合意がある。しかし、権利については国際的にも国内的にも合意がない」

問題になるのは、「胎児の生きる権利」と「女性の権利」です。

児童の権利条約では、「児童」を出生前後と定義しています。出生前後ということは「胎児」は児童に含まれることになります。そうであるならば「胎児」には生まれる権利、生きる権利があることになります。その「胎児の生きる権利」と「女性の権利」をどう調整するかということが課題になっているのです。一方だけの権利で論じることはできないことであり、その点に関しては国内的にも合意を得ています。

男女共同参画審議会のヒアリングで、法務省は「胎児もまた生命を持った者として保護する必要があり、その軽視は人命軽視につながるおそれがある」と答え、厚生省は、「特に中絶については、胎児の生命保護も一つの大きな法益ですし、一方で、親の選択の自由や健康という面も一つの大きな権利でして、二つの大きな権利が拮抗するときにどのように調整していくのかということになり、必ずしも一方のみから考えるわけにはいきません」と答えました。

また、「世界女性会議」や、ニューヨークで開かれている「国連子供特別総会」の席では、この議論は常に二分しています。

この意見の対立は、宗教をバックにしたアメリカやバチカンやイスラム諸国と、リオグループ（中南米グループ）やEUという国々との間で、胎児の生命を神さまや仏さまからいただいた授かりものだとみるか、夫婦のセックスの結果生まれた親の所有物だとみるかの違いによって起こっているものです。胎児を親の所有物だと考えれば処分する権利は親にあるという考え方になるし、神さま、仏さまからの授かりものだという考えに立てば、親には勝手に処分する権利はないということになります。

つまり、胎児のいのちをどうみるかということの差が、大きな対立となっているのです。それを巡って世界も国内も世論が二分しているのです。ましてや、それを議論もなしに性教育の現場で、子供たちに一方の考え方のみを教えることには問題があります。

急進的性教育者の責任

性や産む産まないなどの生殖について、女性に自己決定権があるという問題と、それが子供にもあるという問題はレベルが違います。それを反映するように、ニューヨークで開かれた「国連子供特別総会」でも、性教育の内容は報告書から削除されました。多数がそれに反対したからです。

また、日本では平成十四年に、中学校三年生を対象に作られた『LOVE&BODY BOOK』という冊子が全国の地方自治体に配られました。その中には、次のような趣旨のことが書かれています。

「産む・産まないを決めるのは、あなたに権利があるんですよ。中学生のあなたがセックスをしてもしなくても、それはあなたが決めるんですよ。親や教師がそれに口出しすることはできないんですよ」

「中学生に対して産むか産まないか、セックスをするかしないか、中絶をどういう方法でするか……それはあなたが決めるんですよ」

これが性の自己決定権であり、性的自立であると言っているのです。

私はこの言葉に違和感を覚えました。中学生の子供たちが性について自己決定することは、性的自立であり、さまざまな自立のいちばんトップにあるのだ、ということを急進的性教育論者たちが言い出したので、それは危ういと思ったのです。しかし、そのような性教育が今どんどん広がっています。

日本の急進的性教育では、「性器」「性交」ということを露骨に、できるだけ生々しく子供たちに、科学的に教えればいいのだという発想をとっています。

急進的性教育の問題点をあげるならば、その第一は、教育の観点で性教育を考えていないということです。何のための性教育か、あるいはどういう目的で、何をどのような方法で、どの時期に、それをどう評価するかという学習論が欠落しているということです。

例えば国立市の小学校一年生の三クラスでは、児童に両性具有の性器について教えましたが、子供は混乱しました。まず基礎を教えて、例外を教えるのが順序のはずですが、一年生がいきなり両性具有と聞いたら、なんのことであるのか分からないはずです。

最初にまず基礎、基本をきちんと教えて、そのうえに例外を教えるのが順序のはずなのに、いきなり特殊な例を教えるのはなぜかというと、男でもない女でもない人間がいるということを刷り込もうというねらいがあるわけです。男でもない女でもない存在を知らせることによって、男と女という固定的な役割分担意識を解消していこうというねらいです。

急進的性教育とジェンダーフリー教育の目的はこの点で一致しているのです。

両性具有の性器について教えたり、性交人形で性交指導をすることが、どのような影響を与えるかを十分に検討することなく、いわば見切り発車してしまっているのです。子供に悪影響が出た場合にいったいだれが責任を取るつもりなのでしょうか。

実際、いくつかの県で小学校六年生の女の子が「性交ごっこ」で妊娠するという事件も起きています。四年生で妊娠したという例もあるのです。性交教育の授業が実践されて、妊娠という事態が起きてしまったのです。

第二の問題点は、性に対する考えには個人差、家庭差、地域差があるにもかかわらず、保護者の理解、国民的コンセンサスが得られないような内容を、いっせいに画一的に押しつけているということです。

例えば、アメリカでは、親の判断によって子供たちにそういう教育を受けさせたくない場合は、親はそれを拒否します。親が選択することができるわけです。

性に対する意識は多様ですから、関心がある子もいれば、ない子もいます。性交人形で実際に性器を挿入するという場面が、日本の授業で行われているのですが、それにショックを受ける子もいれば、全然ショックを受けない子もいます。これには個人差があります。

しかし、それをいっせいに授業でやるということは、これは押しつけ教育ですから、子供は拒否することができません。発達段階や個人差などの問題がもっと慎重に検討されなければならないのに、それがなされていない現状があります。

第三の問題点は、わが国の文化的風土や国民感情を踏まえないで、外国の性教育や性器人形を直輸入していることです。例えばある養護学校ではカナダの性器人形をたくさん輸入して、これが開放的な性教育だと言っているのです。

第四の問題点は、これがもっとも重要なのですが、教育論が欠落しているということです。性的自立を重視する急進的性教育推進派の人々は、子供たちの性交を他律によって抑止することは不可能だと強調しています。しかし、私は家庭教育、例えば三歳児まではやはり親のしつけが絶対に必要だと思います。つまりそれは他律です。子供の興味関心に従ってしつけをするわけではありません。とりわけ三歳くらいまではいわば強制です。この他律や強制ということから家庭教育がスタートして、だんだん自律に導いていくのが教育です。

ところが、性教育に他律なんてあり得ない、子供が決めるのだというのが、子供の自主・自立であると彼らは主張しているのです。こういう誤った考え方が教育界に広がっていますが、子供は母性的慈愛と父性的秩序感覚という基礎（ベース）がないと自立できないのです。

冒頭でも触れましたが、私は、「しっかり抱いて、下に降ろして、歩かせろ」という言葉を何度も引用しています。子供が自立できるのはこの「歩かせろ」の段階です。その前にしっかり抱くという母性原理と、下に降ろすという父性原理との関わりがあってはじめて自立できるのです。

家庭教育の意義はどこにあるかといえば、この二つの原理の関わりをしっかりすることにあります。これが自立の基礎になるのです。人格の基礎になるのは、この母性原理と父性原理なのです。「しっかり抱く」「下に降ろす」とはこの関わりのことを言っているのです。

今、「しっかり抱く」と述べましたが、無条件の愛情と信頼で子供を抱きしめられないお母さんが増えています。これは虐待が増えていることの一つの背景でもあると考えられます。つまり、親が本来持っている親らしさ、親心、人間の「内なる自然」というものがどんどん破壊されているのです。それが、私は自然破壊、環境破壊よりももっと深刻に進んでいると思っています。そしてさらに、今の子育て支援がそれに拍車をかけているのではないかと危惧しているのです。

人間教育としての第三の性教育を

大阪教育大学の松岡弘教授は、「小学生を持っている親が何を性教育に希望しているか」という調査を行っています。それによれば、小学生を持つ親が希望する性教育の第一は「生命尊重の教育」ということです。第二は「男女の特性と役割」でした。そしてその次が「体の構造と機能」という順序です。今、最も欠けているのは、生命がいかに大事かということと、男と女の違いや特性や役割というものであるにもかかわらず、それは教えられていません。

子供の性の問題は、結局は心の問題や、心のむなしさという問題と関わっています。そして、その心のむなしさ、空洞という問題は、家庭の問題、親と子のきずなという問題に帰着するのです。実は、夫婦の関係が子供の性教育の大前提となるのだということです。

問われているのは大人なのです。最近は教師もセクハラや性犯罪に関与していろいろな問題が指摘されていますが、まさに大人が問われているのだと思います。

性をいやらしいものと罪悪視したりタブー視したりするのではなく、人間を幸せにするために存在するものとして肯定的にとらえ、積極的に生命の尊厳性に気づかせていくようなホリスティックな人間教育としての性教育に取り組む必要があります。

二十一世紀が求めているのは、単にモラルだけを強調する戦前の純潔教育でも、科学的な教育だけを強調する急進的性教育でもない「人間教育としての性教育」です。私はそれを「第三の性教育」と言っています。

日本で十代の性非行や性感染症が急増している今日、アメリカでは少しずつ減っているのです。日本の青少年たちの心の奥にあるむなしさや、ストレスに自らがどう立ち向かい、どう乗り越えていくか。その生き方教育としての性教育が必要なのだと思います。生命に対する感性を育まないで、建て前のお説教をしたり、性器、性交の仕組みを説明して避妊方法を教えても意味はありません。

十年前に私は半年かけて、アメリカのエイズや、性教育に関する教科書や教材や新聞記事、雑誌記事、学術論文を精読し、その資料に基づいてアメリカの教育現場を取材し、ビデオを作りました。そこで分かったことは、アメリカでは節制（自分を律するということ）を大切にしているのです。ブッシュ大統領はこれを政府を挙げて支援しています。

まず自己尊重を支援し、自尊感情を教えます。そしてそれをベースにして、自分で自分をコントロールできる自己教育力を育成していくのです。受容や共感・共生・共創を大切にして「関わり」を通して生きる力を育て、生きがいを発見させていく人間教育、すなわち生き方教育としての、わが国独自の第三の性教育を確立したいと私は思っています。

二十一世紀が求めているのは、科学技術を使いこなす人間の心をいかに制御するかという問題です。そのためには自らの命の尊厳性、神秘性、連続性、独自性を実感させる生命尊重教育が必要です。

もう一つここに書き加えたいのは、命は連続しているということと、この環境でこの人生を生きるのは二度とないという一回性ということ、その両面に気づかせることが大切だということです。それから私は、母親の役割をフォローすることではなくて、父親の役割をきちんと果たすという意味において、父親ももっと育児に参加すべきだと思っています。

感性は家庭教育で育まれる

また、日本人が大事にしてきた感性を取り戻すことは、とても大切な今日の課題ではないかと思っています。

レイチェル・カーソンの『センス・オブ・ワンダー』（新潮社）にはこう記されています。

生まれつきそなわっている子供の、センス・オブ・ワンダーをいつも新鮮にたもちつづけるためには、わたしたちが住んでいる世界のよろこび、感激、神秘などを子供といっしょに再発見し、感動を分かち合ってくれるおとなが、すくなくともひとり、そばにいる必要があります。

つまり子供の感性が育つためには、日常生活の中で感動を分かち合ってくれる大人がいっしょにいる必要があるということです。それは母親であり父親であり、そして保育士であり家族です。そういう感動を分かち合うということで、子供の感性が育まれていくのです。ところが、喜びや感動を子供と分かち合うことをしないで、否定的な言葉で子供を注意ばかりしている親がなんと多いことでしょうか。「してはいけない」という否定的な言葉がけから、「きれいね」「よかったね」「〜しようね」という肯定的な言葉がけへの転換、減点主義から陽転（プラス）思考への転換が親に求められているのではないでしょうか。特に家庭生活の中で、日常の、普段の生活の中で感性を育むということが、大事なのです。やがて知るという知識のすばらしい実がなるためには、根が大地にしっかりとはうことが必要です。根がしっかり大地にはえば、実は育っていくのです。家庭教育の中で、そういう人生の根っことなる感性を育てることが、いちばん重要な課題であるといえるでしょう。

私たち大人が生活の中で幸福感を取り戻さない限り、子供が幸せになるということはあり得ません。幸せな親からしか幸せな子供は育たないのです。まず親たちが、日本人が大事にしてきた自然と触れ合う生き方をしっかりと受け継ぎ、それを家庭の中で育てていくことが大事なのではないでしょうか。

最後に、「親が変われば子も変わる」――そのことを強調しておきたいと思います。問われているのは大人の「主体変容」、自己変革です。「親学」は「一人からの出発」であり、「一人からの教育改革」を家庭から始めようではありませんか。そして、「親学」の大きなうねりを全国に広げ、家庭教育の再生から日本の教育の再生を推進していこうではありませんか。「親学」によって家庭教育を再生しない限り、日本と人類の未来を切り拓き、子供たちの目に輝きを取り戻すことはできないと確信しています。親学会はまだ小さな動きにすぎませんが、大切に育てていきましょう。

第九章　「親学」の現代的意義

——脳科学と男女共同参画の視点から

高橋　史朗

今、なぜ「親学」なのか——「親学」の必要性

最後にまとめとして、「親学」の現代的意義について述べたいと思います。

私は三十四歳のときから三年間、政府の臨時教育審議会で教育制度の改革論議に携わってきました。それから現場主義に転じて、実際に子供はどのように元気になっていくのか、それを探るために不登校の問題に取り組み、フリー・スクールもずいぶん訪ね、高校中退の子供たちが立ち直っている様子を見て回りました。最近では、学級崩壊問題にも取り組みました。いわば対症療法として、〝子供たちをどうやって救ったらよいのか〟ということに十五年間没頭してきました。

ところが、おおよそこの十年で、どうも子供たちは質的に変わってきたのではないかという印象を持っています。そして、〝もう対症療法では対応できない〟という危機感を持つようになりました。もっと根本的に考え直さないと日本の教育は今後立ち行かなくなるのではないか、そのような思いが今しています。

私は旧自治省の青少年健全育成研究会の座長をしていました。その議論の中で、子供の問題は、実は大人の問題であり、大人が子供にどう関わっているかということ、つまり、

親や教師の問題であるということが見えてきました。

私は、感性教育研究所を設立し、『感性・心の教育』という雑誌を創刊して、感性と心をどう育てるのかということをライフワークにして研究を進めてきました。ところが、感性、心といっても非常に漠然としています。いろいろな方がいろいろな意味で感性や心という言葉を使用し、また、そのとらえ方もさまざまです。

今の親たちが、子供をどういうときに抱きしめて、突き放すのか、また子供の発達段階に応じて、どのように子供との距離を取っていくのがよいのかという、関係性のあり方が大人自身が分からなくなってきて、親が親らしさを失いつつあるのではないかと思うようになりました。

例えば先日、私が勤務する大学のスクーリング（通信制の集合授業）で、「日本では昔から『しっかり抱いて、下に降ろして、歩かせろ』と言われていますが、この言葉を知っていますか?」と聞きましたが、だれも知りませんでした。二十代、三十代の若いお母さん、あるいは教師も、この言葉を知らないのです。

また先日、わが家を訪れたある方が、「叱られて」という曲をハーモニカで吹いてくれました。私も妻もたいへん心を打たれました。やんちゃ坊主だった私は、父親から叱られた思いが胸を駆け巡りました。

ところが、この話を二十代、三十代の親たち教師たちにしてみましたが、「叱られて」という歌をだれも知らないのです。また、叱られるというやさしさに裏打ちされた厳しさの深い情感が伝わらない、そういう時代になってしまったのかなとも感じたわけです。

次に紹介するのは、平成十三年一月三日付の『読売新聞』に掲載された世界五大学学長会議の記事の要約です。

――ドイツのクローンベルグにおいて開催された世界五大学学長会議で、英国オックスフォード大学ケロッグカレッジのジェフリー・トーマス学長は、「親学」についての問題提起をしました。

トーマス学長は、「ともすれば、学校では多くのことを教えすぎがちだが、その中で、学校でも大学でも教えていないのは、親になる方法だ。生物学的に人間は再生産されているから、皆同じように子供を育てる能力が備わっていると考えられている。それなら、親としての教育にもっと関心を向け、向上させることには、大きなメリットがあるのではないか。半分冗談だが、子供を教育するにあたり、困難さと責任について自覚しているかどうかを証明する試験に受からなければ、子供をつくってはいけないというのはどうだろうか――

トーマス学長は、半分冗談だが、と断っておられますが、このように、まさに日本でも

「親になるための学び」「親としての学び」が必要なのです。私は「親性崩壊」と言っていますが、親の心が成熟に向かっていないことが、たいへん大きな問題であると思います。平成十五年一月から、民間の教育臨調「日本の教育改革有識者懇談会」で、家庭教育などについて議論を重ねていますが、親子の関わり方について混乱が起きているので、きちんと理論的に整理する必要があります。親が子供とどう関わるかを親が学んでいく「親学」は、現代においてたいへん重要な意味あると言うことができます。

脳科学の成果を教育に

そのような中で最近、脳科学について研究をしています。私の問題意識のポイントの一つは、「脳科学」から「親学」をどのようにとらえていくかということです。

平成十五年八月二十四日の『産経新聞』朝刊の一面トップに、文部科学省が平成十六年度に五十億円の予算を要求して、「脳科学の英知を教育現場に」という記事が掲載されました。その記事のきっかけになったのは、同紙「解答乱麻」(八月十八日付)の私の記事「脳科学を教育に生かす」でした。

アメリカでは一九九〇年代に脳科学の研究を大規模に推進しています。またOECD

（経済協力開発機構）もイギリスのオックスフォード大学と本格的な研究に取り組んでいます。

　一方、わが国は平成十三年度から科学技術振興事業団（現・独立行政法人科学技術振興機構）が「脳科学と教育」というテーマで研究プロジェクトを発足させました。文部科学省も昨年から「脳科学と教育研究」という検討会を設けて、平成十五年七月に最終報告をまとめた「脳科学と教育に関する報告書」を出しました。このように脳科学の研究から教育を見直そうという動きが本格化しています。

　さて、科学技術振興事業団が発足させた「脳科学と教育」をテーマにした研究プロジェクトでは、①前頭前野機能発達最善システムの開発研究、②人間のコミュニケーション機能発達過程の研究、③神経回路の発達から見た育児と教育の臨界齢の研究成果が、報告されました。

　このプロジェクト・リーダーである東北大学の川島隆太《かわしまりゅうた》教授によれば、情動や感情、コミュニケーションや記憶、認知などをコントロールする脳の前頭前野の働きによってモラルについても説明できるようです。さらに、川島教授は、

「なんらかの問題行動を起こす子供たちというのは、すべて前頭前野の働きが未熟です。前頭前野の機能が強化されることによって、行動や感情のコントロールも可能になります。

乳幼児期の子供にとっては、話しかけてあげる、さわってあげることが何よりも大切です。そう考えていくと、昔の日本の伝統的社会が持っていたものを再考することも意義があります」

と述べています。つまり、日本古来の子育ての知恵をみごとに表現した「三つ子の魂百まで」「しっかり抱いて、下に降ろして、歩かせろ」という言い伝えの意義を、現代の最先端である脳科学の立場から見直し、子育ての伝統を創造的に再発見する必要があると思います。

また、文部科学省の「脳科学と教育」研究検討会の報告書によれば、「過剰な刺激や偏った刺激あるいは実体験を伴わない仮想経験などが大きな役割をもち、なおかつ能動的に刺激を選ぶことよりも受動的な学習が多い現代社会に育った子どもたちは注意力や意欲、創造性などの発達が阻害されている可能性がある」「慢性疲労症候群などの疾患が不登校児に見られるとの報告や、いじめが意欲や動機づけあるいは創造性を阻害する」と指摘しています。

さらに同報告書は、不登校・いじめ・虐待などについては妊娠時からの調査が必要であるとの認識に立ち、重点的に取り組む研究領域として、

①情動、情緒、直感などの脳機能の発達と感受性期・臨界期

（感受性期とは、学習能率が高い時機を指し、後でも学習が可能ではあるが、その期間を逃すと能率は低くなる期間を指す。臨界期とは、鳥類の「刷り込み現象」にその典型が見られるように、学習が可能な期間で、かつ、その時機を逃すと後で学習することがほとんど不可能な期間をいう）

②「心の理論」――性差に基づく脳機能の差異、さまざまな教育方法が脳機能に与える影響

③記憶の仕組みや知識概念形成、思考、想像力の学習過程に関する脳機能

④ビデオ・テレビなどに早期から、あるいは長期にわたって晒《さら》されることの脳機能への影響

⑤効率化（過度の利便性向上、実体験の不足、睡眠の取り方や食生活の変化など）がもたらす脳機能への影響

⑥個人化・少子化がもたらす脳機能への影響

⑦虐待・暴力が子供の脳に与える影響

⑧行為障害のある子供や不登校児の脳機能の解明と教育課題解決への応用（心の問題に対する対応のあり方など）

⑨母子相互作用がコミュニケーション能力の発達に及ぼす影響

⑩学習障害と脳の機能障害、遺伝子との関係及び、学習障害への対応を列挙しています。

このような研究の成果がまとまれば、「一日にどのくらいゲームをすると学習能力が落ちるのか」「犯罪を防ぐには何歳でどのような教育をするのが効果的か」などの対応策や、ジェンダーフリー教育の問題点などが科学的に解明されることになるでしょう。

「三歳児神話」の見直し

川島隆太教授によれば、文部科学省は、脳科学というものさしを使って子供の教育を考えることをめざし、何歳のときにどういう教育を施すと、子供にとっていちばんよいのか、子供の脳に学習内容がしみ込みやすいのはどういう教育方法かという、when（いつ）とhow（いかにして）を脳科学によって解明し、科学的な実証に基づく「科学的学習指導要領」の作成を模索しています。実証に基づいた脳科学の客観的なデータは大いに参考になります。

一方、同省が昨年度から実施している新規事業で、国内の大学に世界最高標準の研究教育拠点を学問領域ごとに形成することをめざした「二一世紀ＣＯＥ（卓越した研究拠点）

プログラム」には、玉川大学の「全人的人間科学プログラム」や筑波大学の「こころを解明する感性科学の推進」などが含まれており、全人的なホリスティック（包括的）教育や感性教育の内容・方法・適時性・評価の研究などの、脳科学という新しい視点から見直すことが大いに期待されます。

「脳科学と教育研究」ワーキンググループの小泉英明氏（㈱日立製作所）は、平成十四年七月十一日に開催された自民党文部科学専任部会において、「フランスとの共同研究では、胎児が母親のおなかの中で、言葉の学習を始めたり、生後五日以内の新生児も言葉を認識することが分かっている。教育は幼いころから始めることが重要である」と指摘しています。

近年の脳科学研究の目覚ましい進展によって、「子供は三歳まで常時家庭において母親の手で育てないと、子供のその後の成長に悪影響を及ぼす」という「三歳児神話」には合理的根拠がないと断定した平成十年度の『厚生白書』や「三歳児神話」を強く否定するジェンダーフリー論者の主張は根底から覆されました。

ちなみに、ユニセフ（国連児童基金）の二〇〇一年『世界子供白書』には、次のように明記されています。

子どもが三歳になるまでに脳の発達がほぼ完了する。新生児の脳の細胞は多くの成人が何が起こっているかを知るずっと前に増殖し、シナプス（神経細胞相互間の接続部）による接合が急速に拡大して、終生のパターンがつくられる。わずか三十六か月の間に子どもは考え、話し、学び、判断する能力を伸ばし、成人としての価値観や社会的な行動の基礎が築かれる。（中略）

母親が手のひらで隠していた顔を突然のぞかせたとき、強い期待をもって見つめていた赤ちゃんが喜びの声をあげるのを見たことがあるだろうか。この簡単に見える動作が繰り返されるとき、発達中の子どもの脳のなかの数千の細胞が数秒のうちにそれに反応して、大いに劇的に何かが起こる。脳細胞の一部が「興奮」し、細胞同士をつなぐ接合部が強化され、新たな接合が生まれる。脳内の細胞の接合は生後三年間に爆発的に増殖し、子どもは目覚めている事実上すべての瞬間に新しい事柄を発見している。（中略）だが子どもが生後最初の数年間に受ける愛情に満ちたケアや養育、あるいは、そうした大事な経験がないことが幼い心に消すことができない刻印を残すことになる。

脳科学の専門家で、日本大学の森昭雄教授の『ゲーム脳の恐怖』（ＮＨＫ出版）によれば、赤ちゃんの脳発達は母親の接し方によって非常に大きく左右され、三歳ごろまでにニューロン（神経細胞）の樹の枝のように伸びている樹状突起がさまざまなニューロンと連絡するようになり、脳内の神経細胞と神経細胞の接点（シナプス）がこの時期の母親からの刺激によって次から次へと形成されて、脳全体が急激に増殖し、八歳ごろまでに九〇％の成長を遂げるといいます。そして、この神経回路の形成が不足すると、情緒不安定、攻撃的・衝動的傾向が増大し、乳幼児期には母親からの安定した働きかけが必要不可欠であることが明らかになっています。

実際、乳幼児期の愛着（アタッチメント）不足や恐怖体験などによる「統制障害」のために、情緒不安定で攻撃的・衝動的な乳幼児が増えています。つまり、脳科学の最新の研究成果から「三歳児神話」は決して根拠のない「神話」ではなく、母親による家庭保育の重要性は多くの科学的研究によって証明されているのです。

安心感は母親との結びつきから

最近問題になっているＡＤＨＤ（注意欠陥多動性障害＝集中力が低下し、落ち着きがないことが特徴）の原因には、前頭葉のニューロン活動の低下を引き起こすテレビゲームのやりすぎが含まれていると言われています。前頭前野は動物的な行動や激情を抑え、理性をコントロールしているところですが、テレビゲームをやりすぎると、前頭前野から扁桃体などの古い脳への制御が利かなくなり、自立神経が不安定になり、視床下部から直接扁桃体に信号が行きやすくなり、攻撃的行動が起こるのです。これが、ムカつき、キレる状態にほかなりません。

脳内物質には、セロトニン、ドーパミン、ノルアドレナリンなどがあります。前頭前野の場合にはドーパミンが分泌されることによって一種の快楽が得られますが、「ゲーム脳人間」になると、脳の働きが低下するのでドーパミンの分泌も低下し、楽しさを実感できなくなってしまいます。ドーパミンという脳内物質は探究心とか好奇心につながる物質で、セロトニンは母性愛につながるものです。

セロトニンについて、『幼児教育と脳』（文春新書）を著した北海道大学の澤口俊之教授は、子供は四歳から八歳くらいの間に適切な環境で教育しないと、セロトニンが出なくなる。いじめや学級崩壊の根因《こんいん》の一つは、乳幼児期の脳の粗雑な扱われ方にあると指摘しています。

また、メスザルは子供を産んで隔離飼育をされると子供を育てません。子供が来ても邪険にして追い払ってしまいます。それはセロトニンをつかさどっている神経細胞が死滅しているからです。そして、隔離されたメスザルが自分の子供を邪険にしてしまうことで、さらに邪険にされた子供のセロトニンの分泌にも悪影響を与えます。愛情を求めて子供は寄ってきますが、母親は子供への愛情がないので邪険にするわけです。愛情を求めている子供は隔離されたのと同じ状況で、その子供が大きくなったときに同じことをしてしまうのです。

新生児は母親を確認するための能力をいくつも持っています。

例えば、生まれた直後でも目を開いて見ることができるし、母親の声や血流の音を聞き分け、母乳の味や匂いも識別できます。これらの能力が生得的に備わっているということは、新生児が誕生直後から母親と結びつくことの重要性を示唆しています。百パーセント母親に頼りきらなければならない新生児にとって、最も基本となる感覚を通しての生物学的な母親との結びつきは最も安心感を得るものです。すなわち、肌と肌を接触させること、目と目で見つめ合うこと、声で語りかけること、母乳を味わうことといった感覚的な接触や交流が、その後の成長の各段階を支える基盤になるのです。その安心感と信頼感は、一生を通して人間に対する信頼感のベースになります。新生児の五感の能力に応えるように母親が語りかければ、母子の結合は誕生直後から確固としたものになります。

また、「ほ乳」や「あやす」という行為もコミュニケーションの基本を会得《えとく》することにつながります。このように、生まれた直後に母子の感覚的結合を強化することは、その後の子供の成長にとって極めて大切な基礎要素と言わなければなりません。この段階における母子結合が欠けると、さまざまな問題が表れます。

例えば、抱かれると体を硬直させてつっぱり、体を預けられない、抱かれても決して目と目を合わせない、話しかけても笑わない泣かないなど、反応がありません。また、言葉を覚えるのが過度に遅れます。こうした症状は未熟児で生まれて長期間保育器で育てられた新生児に特に多く見られるものです。

これらの所見や経験から、子供の心身がはつらつと成長していくために、誕生直後からの母子の生き生きとした接触と相互作用がいかに必要かが明らかになっています。

ＰＱ障害と育成方法

平成十四年三月、国立教育政策研究所が発表した「キレる」子供の生育歴に関する研究によれば、「キレる」最大の要因は家庭の不適切な養育態度にあり、①過度の統制（一九％）、②放任（一五％）、③過保護（一四％）、④過干渉（一一％）の順になっています。また、家庭内の緊張状態の要因としては、離婚（二五％）、夫婦不仲（一三％）、再婚（八％）などが挙げられています。

子供はテレビゲームをする習慣が身につくと、麻薬と同じようにやめられなくなり、

『毎日新聞』（平成十四年三月二十七日付）によれば、「テレビゲームを一日九十分以上する子は立ちくらみなどが増える」とあります。幼児期に形成された「ゲーム脳人間」はキレやすく、注意散漫で創造性を養えないまま大人になってしまい、若年性痴呆状態を加速する可能性が高くなるのではないかと危惧されています。

乳幼児期には言葉の習得が特に重要であり、母親の愛情と語りかけ、親子の温かいコミュニケーションが必要不可欠です。幼児期に童話、伝記、神話などを読み聞かせ、豊かな感性を育てることが大切です。ゲームのボタン操作による機械との対話ではなく、直接人間どうしが触れ合う豊かな関わり体験、五感を働かせて伸び伸びと野山を走り回り、大自然と直接関わる体験が重要です。

心や感性などの全体性を脳科学だけで解明することは不可能ですが、その限界性を認識しつつ、ホリスティック（包括的）な視点から脳科学が注目する前頭知性（人格的知性）＝ＰＱ（Prefrontal Quotient）に焦点を当てながら、心と感性を育てる教育に関する理論構築を計る必要があると思われます。

前頭前野を鉄道工事の事故で大きく損傷したアメリカ人のフィニアス・ゲージ氏は、ＩＱ（知能）や知覚、運動能力、記憶、感情自体は失いませんでしたが、将来へ向けた計画、展望、夢、理性、感情の制御、社会性、主体性、創造性、集中力、探究心、好奇心、幸福感、達成感などのPQを失ってしまいました。

PQ障害は、十二、三歳ごろから、思考と判断力の低下、自己中心的、責任転嫁、無気力、刹那《せつな》的、憂鬱《ゆううつ》、被害妄想《もうそう》、行動障害（ルーズな生活、親への反抗・暴力、登校拒否、非行、自殺など）といった「思春期挫折症候群」として表面化します。そして、そうした問題を抱える子供たちの親には、①過敏心配性、②完全欲・几帳面、③過保護・過干渉という共通点があります。

PQを豊かに育てるためには、①夢・目標をもたせる、②多様な人間・社会関係を体験させる、③子供どうしで十分に遊ばせる、④自然探索・昆虫採集などの直接体験をさせる、⑤与えられた押しつけ体験ではなく、体験を子供に選ばせる、⑥読書（特に音読）、⑦暗算、⑧幼児の世話、⑨野外キャンプに参加する、といったことが有効です。読書や暗算という基礎・基本の学習がPQの育成にも役立つことは注目に値します。

父親・母親の役割（性別役割分担）——ジェンダーの積極的意義

澤口俊之教授は、五百万年のヒト進化の歴史から「父親の役割」を研究すると、家庭の安定化を図り、子供に社会的規範を植え付けることであったと述べています。脳科学によって明らかにされた父親と母親の役割を否定するジャンダーフリーの主張はまったく根拠のないものです。

家庭教育においては父親と母親の「性別役割分担」は必要不可欠であり、胎児期と乳幼児期は特に母親との身体的感覚的な接触と相互作用によって、子供の心が安定し、その後の発達の大きな基盤となります。一般に子供は母親から心の安定を、父親からは外部世界への好奇心と刺激を期待しています。

数々の実験によっても、父親と母親に対する子供の反応は初めから異なっていることが明らかにされています。例えば、母親が相手をしているとき子供は穏やかな反応をするのに対して、父親が相手をするときには子供は強い好奇心を発揮して激しい反応をします。

このことから親の側にも父と母とでは子供に対する態度に生得的な違いがあるだけではなく、子供の側にも父と母とでは子供に対する反応が異なるように生まれつき仕組まれている可能性が高いことが分かります。

父親には子供の心を活性化し、自立を促し、社会のルールやセルフコントロールなどを教えるという独自の役割があります。したがって、父親に母親的な保育をやらせるという誤った政策を転換して、父親本来の役割をきちんと果たすことを促す必要があります。

「家族との一体感」と「性別への帰属意識」が重要

人間が生きていくためには、自分自身の存在に対する安定した自信を持たなければなりません。青年期において、社会的役割を獲得していく中で、自分の内的自信と社会的役割との整合性を感じる必要がありますが、そのためにはまず幼少期において中核をなすアイデンティティー（帰属感）が確立していなければなりません。その中でも特に次の二つが重要です。

第一は家族との一体感です。自分の家族に属し、包まれ保護されているという感覚は、自己への自信と安心感のもとであり、ひいては故郷や自国を愛する気持ちのもとになります。これは父母に愛されているという感覚や家族の共通の姓を意識することなどを通じて意識化されていきます。

第二は性別への帰属意識です。自分が男であるか女であるかという意識を持ち、「男らしさ、女らしさ」を涵養《かんよう》していくことは、アイデンティティー確立のために必要不可欠な要素となります。男女の特性を際立たせ洗練させるための文化的装置（ひな祭り、端午《たんご》の節句など）はその意味で極めて大切なものであり、文化的差異をなくそうというジェンダーフリー教育はアイデンティティーの確立を妨害する極めて有害な試みといえます。

　この二つのアイデンティティーがしっかりと確立している場合には、青年期になって社会的役割との間に葛藤《かっとう》が起きたり、新しいアイデンティティーを再構築しようとするときに、揺るぎない基礎を提供することになります。

　今、教育界にはジェンダーフリーという嵐が吹いています。ジェンダーフリー論者は固定的な性別役割分担意識の解消をめざしており、その意識そのものが絶対的悪であり、解消が正義であると信じ込んでいるようですが、固定的と判断する客観的基準などどこにもありません。また、性別役割分担意識そのものを悪と考えるのは、非科学的な固定観念であることは、近年の脳科学研究により明らかです。

男女の「区別」を否定するジェンダーフリー教育

「男らしさ女らしさより自分らしさ」と言われますが、男らしさ女らしさと自分らしさは対立するものではありません。人間らしさ、自分らしさの属性の一つが、男らしさ女らしさだと思います。「しっかり抱いて、下に降ろして、歩かせろ」という言葉は母性的関わり、父性的関わり、そして自立心を表現しています。子供のアイデンティティー形成には父性と母性の関わりが大事であり、それは文化的性差のプラス面です。それをマイナス面だけを強調して解消しようというのが、性別役割分担意識の解消という意味でのジェンダーフリーではないでしょうか。

前章でも詳しく述べましたが、男女平等とジェンダーフリーの違いを明確にする必要があります。男女平等とは、男女の性別によってそれぞれの権利が不当に差別されないということであり、これは普遍的な人権として尊重されなければなりません。男女の特性である男らしさ・女らしさを否定するジェンダーフリーは、男女平等が男女の「同等」化をめざしているのに対して、男女の「同質」化をめざしている点が最大の違いといえます。男らしさ・女らしさとは、男性・女性としての個性にほかなりませんが、ジェンダーフリーは、このような考え方を否定して「自分らしさ」「人間らしさ」を強調します。男女を分けることによって、子供の人権や個性が尊重される場合もあり、男女の「区別」と「差別」の境界線については慎重に検討する必要があります。

フェミニズムは大別して、自由主義的、マルクス主義的、擬似マルクス主義的フェミニズムの三つの立場があります。ジェンダーフリーのとらえ方にも、①「教育事象に関して生起するジェンダー差を抹消することによってジェンダーの存在を無視しようとする」立場、②「ジェンダーを無視できる、気を配る必要のないものと見なす」立場、③「ジェンダー・バイアス（ジェンダーに根ざした偏見や固定観念）からの自由」を意味する立場（バーバラ・ヒューストン著「Should public education be gender-free ?」参照）、の三つの立場がありますが、生物学的性差と社会的文化的性差（ジェンダー）を明確に分けるという考え方自体が間違っているのです。男女の脳には性差が歴然とあり、その生物学的性差に基づいて社会的文化的性差としての男女の特性である男らしさ・女らしさがあることは脳科学の研究によって明らかになっているからです。必要があって社会的文化的に洗練されたジェンダーには積極的な意義や意味があり、それをすべて悪いものと見なす「偏見や固定観念」からの解放こそが求められているのではないでしょうか。

ジェンダーフリーという言葉を日本で初めて使用したのは、平成七年に発刊された東京女性財団の研究報告書『ジェンダーフリーな教育のために』で「ジェンダー・バイアスの修正こそが、性的不平等を是正するために必要であり、それが達成された社会が『ジェンダーフリー』な社会ではなかろうか」と指摘しています。つまり、この報告書では前述した第三の立場でジェンダーフリーという用語を使っています。

ジェンダーフリー論者は女子差別撤廃条約を根拠に、男女の「区別」が「差別」につながると主張しますが、男女を「区別」することによって、子供の人権や個性が尊重され、子供の主体、アイデンティティーが形成されることも事実ですから、男女の「区別」を否定するようなジェンダーフリー教育は、そのような本質から考えても有害です。男女共同参画社会基本法第一条は「豊かで活力ある社会の実現」をめざしております。そのためには男女の違い、特性を活かし合い、補い合いながら、共に新しい秩序を創っていく「男女共創社会」こそ真の「男女共同参画社会」にほかなりません。

ジェンダーフリーの男女共同参画審議会答申

しかし、なぜ男女共同参画社会やジェンダーフリーについての誤解や混乱が全国に広がったのか。これには、「男女共同参画ビジョン」（男女共同参画及び「男女共同参画社会基本法」）の作成に携わった大沢真理東京大学教授の存在を抜きには語れません。彼女は、他の審議委員が「男女平等」に関する知識が乏しいのをしり目に、いわば独断場で法案を作成したことを後で披瀝《ひれき》しています。その大沢氏が、男女共同参画審議会答申「男女共同参画ビジョン」の中の「社会的・文化的に形成された性別（ジェンダー）に縛られず」について、「『男女共同参画』は『ジェンダー・イコーリティ』をも越えて、ジェンダーそのものの解消、『ジェンダーからの解放（ジェンダーフリー）』を志向するということを」意味すると解説したのです。

また、男女共同参画審議会第十七回総会では、男女共同参画社会について「男女の特性を是認したうえで男女平等の実現をめざす立場。生物学的機能に差があるのだから社会的役割に違いがあることは当然であり、それは差別でないという考え方に解釈できる」という考え方も用意されましたが、ここでも大沢氏は、「男女の特性（生物学的機能の性差に由来する社会的役割の違い）を前提とせずに男女平等の実現をめざす立場。『ジェンダー』からの解放（ジェンダーフリー）を志向する方向性を表現する案が採用された」と説明しています（『上野千鶴子対談集　ラディカルに語れば…』平凡社）。

大沢氏は自ら編集代表を務めた『二十一世紀の女性政策と男女共同参画社会基本法』（ぎょうせい）で、次のように明言しています。

「ジェンダーそのものの解消を展望するとは、ラディカルというに値する。ビジョンのこうした趣旨は……女性学・ジェンダー研究の一九九〇年代はじめの到達点を、反映するものである。……ひらたく表現すれば、ジェンダーとは、男／女らしさについての通念、男／女とはこういうものという通念であり、社会を階層的に組織するうえで、一番もっともらしく使われる区別である、……ジェンダーという分割線をそのままにして、ジェンダー肯定の『固定的な』意識を『改革』しようとしたり、ジェンダー役割の相互乗り入れの促進や、女性の地位向上の底上げ等に努めても、女性差別は解決できない……セックスに根差す（とされる）男女の特性は是認しつつ、不合理な男女格差を解消する、というスタンスの実践では、女性差別を解消できない……ジェンダーそのものの解消を志向するというビジョンの趣旨は、以上のようなジェンダー論の到達水準を反映するものといえる。そのビジョンが二〇一〇年（平成二二）までに目指すべき男女共同参画社会の姿を掲げ、そこに至る道筋を提示する文章であると、公認された」

大沢真理教授によれば、「ジェンダーは、異なっているが対等だという類いの区分ではなく、タテ型の階層制そのものであって、いうまでもなく男が標準、普遍、主であり、女は性差を持つ者、特殊、従である」（『男女共同参画社会をつくる』ＮＨＫブックス）といいます。このような思想はいったいどこからきたのでしょうか。

ジェンダーフリーの思想的背景

「フェミニズム」という言葉を発明したのは十九世紀のフランスの「空想的社会主義者」フーリエです。フーリエは、家族を単位とする小農場経営こそが生産力の向上を阻害し、個人の自由を妨げる原因だとみて、家族制度を廃止して、各人が男女を問わず能力に応じて生産集団・生活集団を組織する「ファランステール」という社会を空想しました。

この社会においては、一夫一婦は無意味となり、恋愛や結婚は従来の約束から解放されて、いつでも解約可能な任意の結婚、つまりスワッピング（夫婦交換）や雑婚となり、子供たちは共同体の手によって育てられ、老人もまた共同体によって看護されます。男女とも同じ教育を受け、同じ経験を分かち合い、同じ職業の準備をするために、幼年時代からスカートやズボンという衣服で男女を区別することは避けられます。

このフーリエの空想は、共産主義の父であるマルクスやエンゲルスに受け継がれました。特にエンゲルスは、階級対立、支配・被支配の関係を男女の関係に当てはめて、家族は男が女を支配するための制度であるとして、女性解放のために、女性の社会進出の必要性を説いたのです。これらの思想の現実の政策として実施したのがレーニンで、彼は女性を家族制度の束縛から解放し、労働者として自立させるために、家事労働の男女共同化、保育所の設置、性の自由を奨励しました。

ところが、このレーニンの政策は大失敗し、ソビエトは堕胎と離婚の激増、出生率の低下、家族・親子関係の希薄化による少年犯罪の激増という事態に陥ったため、ソ連政府は一九三四年、それまでの家族政策を根本的に見直し、家族を「社会の柱」として再強化する方向へと大きく転回させました。妊娠中絶を禁止し、離婚手段を複雑化させ、子供の教育における両親の責任を重くしたのです。つまり、「ジェンダーフリー」が国家・社会を崩壊に導く失政であったことは、ソビエトにおいて実験済みなのです。
ジェンダーフリーの思想的淵源といえるマルクス主義フェニミズムは、資本制と家長制の分かちがたい関係こそが女性と労働者階級の共通の敵とみなし、「男女関係の基礎は生命と生活手段の生産にみられる役割分業であるとし、この廃止をめざす」ものです。（原ひろ子編『家族論』放送大学教育振興会）
前述したようにジェンダーフリーという用語は、東京女性財団のプロジェクト・チームが「バリアーフリー」をヒントに思いついた和製英語です。フリーセックスや家族の解体をめざす、などという政策を正直に掲げたならば、多くの国民が支持するはずはありませんから、一部のフェミニストたちは、男女共同参画と男女平等、ジェンダーフリーとの区別が曖昧《あいまい》な点を利用し、政府や自治体の諮問機関に入り込んで、「男女共同参画」の名の下で、基本計画や法律を制定し、ジェンダーフリー政策を強制的に推進するという巧妙な戦略をとっています。その口火を切ったのが、ジェンダーに縛られない社会をめざすと宣言した平成八年の男女共同参画審議会答申「男女共同参画ビジョン」にほかなりません。
この審議会委員の無知さ加減を、上野千鶴子東京大学教授は大沢教授との対談で次のように語っています。

「論理不在のところに強力な論理が登場したことによって、それが席捲してしまった……あれよあれよと大沢委員に寄り切られてふりかえったら『そんなことをやってしまっていたボクちゃん』（笑）ということなんでしょうか」（『上野千鶴子対談集　ラディカルに語れば…』平凡社）

全国の各地方自治体が作成している男女共同参画関係の資料を読むと、女性の地位向上に向かう「世界の動き」として、「女子差別撤廃条約」の採択（昭和五十四年）、「北京宣言及び行動綱領」の採択（平成七年）などが例として取り上げられ、この世界の動きに沿って、日本でも「ビジョン」の答申、男女共同参画社会基本法の制定（平成十一年）が行われたなどと説明しています。

世界は確かに性別によって人権が不当に差別されてはならないという意味での「男女平等」を促進する方向に向かっていますが、ジェンダーフリーの実現を促進する方向には向かっていません。アメリカをはじめとする多くの国々が「女子差別撤廃条約」を批准していないし、先進国で「ジェンダーからの解放を志向するものはない」ということは、ジェンダーフリーの旗手である大沢教授も認めているところです。

「ビジョン」には「社会的・文化的に形成された性別（ジェンダー）に縛られず」の文言がありましたが、「政府が（男女共同参画社会）基本法の法案を作成する段階で、ジェンダーフリーの視点は否定された」ことは昨年七月二十三日付読売新聞社説が指摘しているとおりです。

そこで、文部科学省は今年（平成十六年）の四月五日、各都道府県、政令指定都市教育委員会に対し、ジェンダーフリーの使用に関して通知を出しました。それは内閣府の見解を紹介した次のような内容でした。

ジェンダーフリーという用語は使用する人によりその意味や主張する内容はさまざまであり、一九九五年の第四回世界女性会議で採択された北京宣言及び行動綱領や最近の国連婦人の地位委員会の年次会合の報告書、男女共同参画基本法、基本計画等においても使用しておらず、内閣府として定義を示すことができないと断ったうえで、「一部に、画一的な男女の違いを無くし人間の中性化をめざすという意味でジェンダーフリーという用語を使用している人がいますが、男女共同参画社会はこのようなことをめざすものではありません」と明記しています。

そして、「最近のジェンダーフリーという用語をめぐる誤解や混乱の状況を踏まえると、今後新たに地方公共団体において条例等を制定する場合には、敢えてこの用語は使用しないほうがよいのではないかと考えております」として、男女共同参画社会についての誤解や混乱を正す必要性を強調しています。

二十一世紀に求められる青少年の健全育成

危機に瀕する今日の青少年問題の背景には、青少年を取り巻く家庭、学校、地域社会などの環境の変化、青少年と大人自身、さらには社会全体の価値観の変化という根本問題があることを見落としてはならないでしょう。今日の「教育荒廃」は、戦後六十年の日本の正確な反映にほかならず、わが国の戦後社会のあり方を国民全体として問い直す必要があります。

「青少年問題審議会」も「次代を担う青少年について考える有識者会議」も同様の基本認識に立脚しています。同審議会は、まず大人自身の意識改革の重要性を強調し、個と公共の調和、自由と規律の調和のあり方や社会の基本的なルールを次世代に伝達していくことの大切さ、親の子育てを支援し、青少年を問題行動から守り、社会性を培っていくための社会環境をつくっていくことの重要さを指摘しています。そのうえで、地域社会主導で青少年を育成する新たな地域コミュニティーの形成や、国民全体の取り組みを定める青少年育成基本法の制定などを求めています。

また、同有識者会議は、報告書にある「今、何をなすべきか」の「基本的認識」においいて、次のように指摘しています。

今、戦後五十年の我が国社会の在り方が問われているといえる。（中略）国や社会、他者への愛と責任を育てることの重要性を再認識するとともに、「自由」、「人権」と「公共の福祉」、「規律」のバランスを今一度検証し、次代を担う青少年にこれだけはどうしても守るべき最低限の規範があることをはっきり伝え、その上で、それぞれの個性、夢、希望を実現できる真の自由を大切にすべきである。（中略）

〝地獄への道は「善意」で敷き詰められている〟

子どもたちの間違いを「教育的配慮」という優しさから、あいまいに処理することにより、問題を放置し、取り返しのつかないレベルまで増幅させていることはないだろうか。〝まあまあ〟で済ませてしまうのは、その時は楽である。子どものことを思い、〝悪いことは悪い〟ということをはっきりさせ、真剣に「叱り」、厳しく「罰し」、子どもに「課題を突きつける」態度が、大人に、さらに社会に求められる。また、子どもにも、悪いことは悪いと自覚させるため、法律によって厳しく処分することも視野に入れる必要があろう。

いずれも的を射た指摘といえましょう。

「人権」と「公共の福祉」の関係については、青少年問題審議会の答申も、「『人権』と

『公共の福祉』の関係でいえば、戦前への反省から人権の重要性が強調されてきたが、『人権』を主張する中で、社会全体の利益を省みない行動が見られる。同様に、『人権』と『責任』の関係では、権利の行使には責任が伴うことが軽んじられがちである」と指摘していますが、まったくそのとおりです。

ところで、同審議会は、①青少年を育成する環境づくり、②青少年たちを非行から守る環境づくり、③多元的評価・多様な選択肢のある社会への転換、④総合的な青少年対策の確立を柱として、青少年育成基本法の制定に向けて検討するよう求めましたが、国の青少年行政のあり方については、総合的に見直す必要があります。

わが国の今日の青少年行政は、青少年の健全育成についての基本理念や国政上の位置づけが未確立で、明確な全体像が描けているとはいえません。

戦後の青少年行政は、同審議会も指摘しているように、「非行対策」を中心にしながら、次第に健全育成を視野に入れた「青少年対策」へと発展してきました。しかし今後は、二十一世紀に求められる青少年像を踏まえ、青少年を保護育成の対象としてとらえがちな青少年対策から、青少年は自己実現を図る主体ととらえ、自己実現支援等を主眼とした総合的な青少年対策へと、さらなる発展をめざす必要があります。青少年をめぐる問題は大人社会の反映であり、「青少年健全育成基本法」と「青少年有害環境自主規制法」は、今後の青少年の健全な育成を図る車の両輪と言えるでしょう。

「親学」はこのような青少年健全育成の中核的な役割を果たすものであり、脳科学や男女共同参画という現代的な視点からその意義を見直し、教育における父性原理、母性原理の意義を明確にする必要があるでしょう。

親学のすすめ ── 胎児・乳幼児期の心の教育

平成 16 年 8 月 10 日　初版第 1 刷発行
平成 23 年 11 月 15 日　　　第 6 刷発行

編　者　親学会
監　修　高橋　史朗
発　行　公益財団法人 モラロジー研究所
〒277-8654 千葉県柏市光ヶ丘 2-1-1
TEL.04-7173-3155（出版部）
http://www.moralogy.jp/
発　売　学校法人 廣池学園事業部
〒277-8686 千葉県柏市光ヶ丘 2-1-1
TEL.04-7173-3158
印　刷　横山印刷株式会社

ISBN 978-4-89639-092-6